PLONGER AU CŒUR DE SOI

même quand
cela semble impossible

PATRICIA PENOT

PLONGER AU CŒUR DE SOI

même quand cela semble impossible

HARMONIE SOLAR
EDITIONS

Pour moi, le voyage spirituel consiste
à revenir au commencement de nous-mêmes,
c'est-à-dire à l'expérience de l'être.

Richard Moss

Sommaire

Introduction

Être humain, un programme de vie

Le soi, la conscience de soi, l'être et l'existence sont autant d'expressions de nous-mêmes qui cherchent à s'éveiller et à prendre forme dans la matière, d'une façon ou d'une autre, parfois sous forme de tragédie, parfois sous forme de comédie. La scène de l'existence nous invite toujours à participer à ce qu'on appelle le grand jeu de la vie… sans pour autant nous avoir fourni le véritable mode d'emploi pour que notre existence puisse être la plus claire et la plus consciente possible. Nous avons donc à nous découvrir, à nous rencontrer, dans notre pire et dans notre meilleur. Nous avons à nous comprendre et à nous apprivoiser. À la manière d'un sculpteur qui commence à dégager les parties qui encombrent la beauté en devenir d'une matière brute, nous devons enlever chaque obstacle à la vision pure de ce qui est caché en nous-mêmes, pour qu'enfin notre beauté intérieure puisse s'exprimer dans la fluidité de notre être. Ainsi, tout comme l'artiste qui s'occupe à apprendre et à développer le maniement de son art pour en favoriser sa plus belle expression, nous, en tant qu'êtres humains, nous avons à apprendre à aller chercher et à exprimer cette force intérieure qui nous compose et qui nous structure, pour essayer de l'exprimer de la manière la plus harmonieuse possible, donnant ainsi un sens artistique à notre existence.

Existe-t-il un chemin spécifique, particulier, pour réussir cet apprentissage ? Doit-on aller chercher l'artiste en nous pour nous aider dans la plongée de ce que nous sommes au plus profond de nous-mêmes ?

Ce qui vous est proposé aujourd'hui est une triple invitation. L'invitation à une rencontre, et pas n'importe quelle rencontre, car celle-ci représente un moment précieux pendant lequel il est possible, en toute simplicité, en toute humilité, de découvrir des facettes de soi jusqu'alors ignorées. L'invitation à un partage, celui d'échanger ces instants de soi à soi, en essayant de mettre entre parenthèses toutes ces conditions qui ont probablement, si souvent, empêché de se voir dans sa beauté intérieure. L'invitation à une plongée au cœur de soi, au-delà des souffrances, comme on pourrait avoir envie de plonger dans un océan de bonheur ou une mer de bienveillance pour se faire du bien.

Cela pourrait sembler impossible, tant nous pourrions sentir ou pressentir tout ce que nous avons à défaire pour toucher ce cœur de l'être, tout ce que nous avons à déplier de nous-mêmes pour exprimer ce qui existe au cœur du soi. Pourtant, souhaiter le faire est le meilleur que l'on puisse se donner pour se réaliser en tant qu'être, pour exprimer ses dons et ses possibilités, pour se donner à vivre du bonheur et du joyeux dans sa vie.

Un guide et un outil

Ce livre est un guide pour vous aider à plonger au cœur de vous-même, support d'une réflexion aussi bien philosophique que pragmatique. Issu de mon expérience dans ma recherche personnelle de mon humanité et de son expression la plus éveillée possible, ainsi que de la pratique tirée des vingt années passées dans la relation d'accompagnement, le parcours que je vous propose est jalonné de « maisons à visiter ». Elles peuvent contribuer à l'expression d'une maturité de l'être, plus claire et plus posée, issue de sa nature intérieure profonde. Les thèmes récurrents, les obstacles à dépasser, les limitations à transcender, les potentiels à exploiter, les capacités à fortifier, entre autres, sont autant d'espaces par lesquels chacun passe à un moment de son cheminement personnel, pour mieux se connaître et se comprendre, afin d'aborder les événements de sa vie en plus grande conscience et son existence de manière plus libre !

Comment se pose l'harmonie entre le « donner » et le « recevoir » dans sa vie, ses relations, la réalisation de ses projets ? Quelle liberté accorde-t-on à l'apprivoisement de ses émotions ? Où en est-on dans sa capacité à s'aimer, à aimer et à se laisser aimer ? Autant de thèmes dans lesquels chacun pourra plonger intellectuellement afin d'enrichir son point de vue en relation avec le thème donné.

Parce que ce livre se veut aussi un outil pragmatique, il présente pour chaque thème abordé des exercices faciles à appliquer, permettant d'ouvrir des possibilités nouvelles sur son cheminement au cœur de soi, afin de mieux exprimer ses découvertes dans des actes posés au quotidien, une expérience à vivre venant compléter les réflexions premières. Ces exercices s'appuient sur différentes méthodes, comme la visualisation, l'EFT ou encore la sophrologie, une extraordinaire méthode pour développer son champ d'observation de soi. Son intérêt réside fondamentalement dans la capacité à mettre de côté le mental afin de plonger dans le domaine des sensations et des ressentis, procurant un bien-être très ressourçant pour l'être. Le développement de la conscience de soi va de pair avec l'émergence d'une vision nouvelle de la vie intérieure et extérieure, au-delà de la pensée. L'existence prend alors une allure de plénitude, un sens de joie, permettant d'intégrer de manière différente les forces qui sont en soi.

Un véritable parcours au cœur de soi… Douze « maisons » à visiter… douze clefs pour s'épanouir

La voie pour s'éveiller à sa « vraie » vie passe par un chemin intérieur qui distribue différentes maisons, même si l'ordre d'apparition de ces maisons n'est pas le même pour tout le monde, chacune procurant des terrains d'apprentissage pour se sentir mieux et profiter ainsi de son existence.

Promenons-nous ainsi quelques instants avec Johanna et son expérience !

La première maison de Johanna

La première maison que Johanna a eu à visiter concernait l'apprentissage de l'harmonie dans le « donner » et le « recevoir ». Après avoir été très centrée sur elle dans une première période de sa vie, espérant recevoir de l'autre mais sans jamais vraiment rien demander clairement, elle s'est presque totalement oubliée dans une deuxième partie de cette même vie. Elle a donné et donné à tous ceux qui étaient prêts à recevoir, même à ceux qui ne l'étaient pas. Enfin elle a compris, à l'aube d'une troisième partie de sa vie, combien il était important de trouver une harmonie entre l'expression du « donner » et celle du « recevoir », tout en étant claire sur ses choix de quand donner et quand accepter de recevoir. Combien d'individus aujourd'hui sont soit dans le « donner » à l'autre jusqu'au point de s'oublier eux-mêmes, soit dans le « recevoir » de l'autre, jusqu'au point d'être centrés uniquement sur leurs propres besoins, en oubliant ceux de leur environnement ou des personnes faisant partie de cet environnement ?

La deuxième maison de Johanna

Une autre maison, et non des moindres, que Johanna a visitée très tôt a été celle reliée à la capacité lui permettant d'être plus libre de ses émotions. Elle se mettait facilement en colère (intérieure tout du moins) parce qu'elle trouvait que ce que faisaient les autres était « à côté », manquait de cohérence avec ce qu'ils pensaient ou exprimaient… et qu'en plus ils ne semblaient pas vouloir comprendre ses points de vue, les limitant ou les occultant. Elle ne savait pas comment apprivoiser cela, ni comment apaiser vraiment les émotions difficiles qu'elle se sentait vivre au fond d'elle-même. Même si elle n'avait jamais eu envie d'en arriver aux mains, ses paroles dépassaient souvent ses pensées, ce qui lui procurait ensuite un fort sentiment de culpabilité, alimentant à nouveau sa colère, mais cette fois-ci contre elle-même. À l'âge adulte, elle s'est retrouvée à vivre deux situations très fortes qui ont produit de grandes peurs en elle. Elle pensait qu'elle ne pourrait jamais en sortir. Ces peurs l'ont paralysée pendant presque une année, mais elles l'ont obligée à aller chercher et trouver une force en elle-même qu'elle ne pouvait même pas imaginer… tout en apprenant à renforcer un sentiment de sécurité intérieure à partir du plus profond de son être.

Nos émotions sont parfois pulsionnelles et se manifestent doublement : dans notre champ affectif, par l'expression d'un ressenti, une colère par exemple ou le vif désir d'une autre personne, mais également dans notre champ physique, par l'expression d'une sensation de tension ou d'un mouvement se manifestant sous forme d'une agression verbale ou manuelle, ou d'une étreinte faite en prenant l'autre dans ses bras. Nous avons donc à apprendre, lorsque nous sommes confrontés à certaines situations, à passer du stade instinctuel de l'animus en nous, géré par notre cerveau limbique, au stade réfléchi de la sagesse en nous, géré par notre cerveau frontal. Ce qui est tout un programme ! Cet apprentissage ne nous fera, bien sûr, pas perdre notre instinct, car c'est une capacité utile selon les circonstances, et notamment en cas de « danger », mais le développement de notre intuition « sage » nous sera aussi utile pour nous aider à nous diriger plus clairement dans la vie.

La troisième maison de Johanna

Une troisième maison que Johanna a commencé à visiter assez vite dans sa jeunesse était en relation avec la manière dont elle communiquait avec les autres. Elle était une enfant très timide. Son professeur de français l'avait invitée à faire du théâtre pour la débloquer. Les gens qui la connaissent aujourd'hui pourraient ne pas en croire ni leurs yeux ni leurs oreilles tellement elle est maintenant à l'opposé de cela ! Elle avait des difficultés à exprimer ses opinions, pensant qu'elles ne valaient pas grand-chose, mais aussi par peur d'être rejetée, de ne pas être comprise. On peut penser, après coup, que ce genre d'idées, c'est bête, mais lorsqu'on vit la chose, c'est un état tellement présent qu'on ne se pose même pas la question… on le vit tout simplement. Elle ne savait pas non plus dire et s'exprimer en son nom, elle ne savait pas nommer ses besoins réels. C'était plus facile de dire à l'autre qu'il était comme ci ou comme ça, utilisant des formules d'accusation, faisant porter à l'autre une faute qu'il n'avait pas vraiment commise : « tu ne penses pas à moi », « tu m'oublies »… au lieu de dire « j'ai besoin que tu m'aimes », « j'ai besoin que tu me voies et que tu dises que je te plais ». Pouvons-nous vraiment dire de nous que nous sommes des êtres humains éveillés et non des sauvages si nous nous exprimons toujours dans l'accusation de l'autre sans jamais vouloir se remettre en question ? Mais savons-nous réellement comment nous entrons en relation avec l'autre ? Comment nous nous positionnons dans cette interrelation ? Comment nous plaçons notre pouvoir personnel en l'autre, en le considérant plus petit ou plus grand que nous-mêmes… ou pas ? Ce sont autant de questions que nous avons à nous poser pour nous motiver à développer une communication saine et gagner en humanité « éclairée ».

La quatrième maison de Johanna

Plonger au cœur de soi, c'est aussi regarder du côté de sa capacité d'aimer librement. Alors là, Johanna a vraiment eu du boulot. Comme le disait sa grand-mère : « Cent mille fois remets ton cœur à l'ouvrage… et tu arriveras à ta plus belle création ! » Aimer sans désespoir, aimer sans s'oublier, aimer sans se laisser envahir ni envahir l'autre, se laisser aimer… Elle a eu beaucoup à faire ! Éduquée dans une forme d'amour principalement « matériel », elle n'a jamais manqué de rien de ce côté-ci, mais elle a dû aller chercher l'amour « affectif » d'abord en elle-même. Les moments de tendresse partagée, les câlins au sein de sa famille n'étaient pas suffisants pour nourrir son affectivité de l'époque. Elle avait probablement de grands besoins ! Aimer amène bien évidemment les idées de se laisser aimer, de se sentir aimer, d'accepter d'être aimé. Nous rejoignons alors le concept du « donner » et du « recevoir » en parfaite harmonie, sans oublier toutefois le développement de cette capacité à s'aimer soi-même, au-delà de l'amour de l'autre, de se donner cette possibilité de trouver et de vivre l'amour en soi.

La cinquième maison de Johanna

Plonger au cœur de soi nécessite d'explorer la manière dont se vit son estime de soi et sa sécurité intérieure, afin d'apprendre à vivre son autonomie, son indépendance, de différents points de vue – financier, émotionnel, psychique… –, en développant la capacité à subvenir à ses propres besoins.

Cette possibilité a toujours été très forte en Johanna, peut-être même un peu trop ! Elle a toujours eu envie d'être dans son autonomie, libre, à tel point que, toute petite, elle ne briguait qu'une seule chose : être adulte pour pouvoir faire ce qu'elle voulait ! Être indépendant, cela ne veut pas dire développer une manière de vivre isolément, où l'autre n'a pas d'importance, car la co-relation, le co-partenariat sont nécessaires pour évoluer dans la maturité personnelle, sans pour autant être dans une co-dépendance où l'autre ne représenterait finalement qu'un substitut pour combler ses manques personnels.

La sixième maison de Johanna

Plonger au cœur de soi, c'est aussi plonger dans la capacité à se relier à plus que soi. Se relier à l'humanité, à ses semblables et à ses congénères, conservant une paix intérieure malgré les différences, amène à envisager la valeur de la tolérance, parfois si difficile à mettre en œuvre lorsque les points de vue divergent ou lorsque les attitudes effraient ou énervent. Savoir se relier à l'universalité – tout ce qui compose le cosmos, les planètes, les rythmes identiques ou différents, la chaleur du soleil, la présence de notre galaxie – élargit les points de vue mais aussi les horizons de vie. Savoir se relier à la présence des autres sur la terre et à leur côté unique et original permet de contacter leur chaleur d'âme et de cœur, leur grandeur et leur authenticité, qui viennent nourrir notre propre chaleur d'âme et de cœur. Johanna a toujours eu cette conscience d'être reliée à quelque chose de plus grand qu'elle. Quand l'infini intérieur rejoint l'infini extérieur… Son éducation chrétienne lui a permis de développer cette conscience des choses, même si elle n'a pas adhéré à tous les idéaux qui lui étaient présentés, notamment celui d'avoir besoin d'un intermédiaire pour se relier à cette force universelle. Elle a aussi compris que cette conscience générale qui nous englobait tous se trouvait en même temps quelque part au fond d'elle, aussi… Se relier au cosmos, aux planètes, elle savait le faire, déjà. Elle aimait d'ailleurs toujours s'installer confortablement sous un ciel étoilé, une nuit d'été sans nuages, pour se laisser inspirer par cet infiniment grand, sans limitation, laissant son imagination s'envoler au gré des étoiles qui scintillaient dans le ciel. Se relier à la présence de l'autre, elle a appris à le développer… bien qu'elle ait une capacité innée en elle-même à pouvoir « capter » ce que l'autre est véritablement, au-delà des préjugés, malgré les couches parfois épaisses qui noircissent la clarté de son âme. Là où elle a eu quelques difficultés – et où elle en a toujours –, c'est à se relier en paix avec ceux qui prônent la guerre, ceux qui sont prêts à tuer au nom d'une religion, les fanatiques en tout genre, ceux qui sont de « mauvaise foi ». Pourtant, elle arrive aujourd'hui à mieux comprendre ce qui les anime, même si elle n'est pas d'accord avec leurs manières de procéder.

La septième maison de Johanna

Contacter, prendre conscience, oser exprimer les valeurs existentielles et transcendantales dont nous sommes porteurs représente une suite logique de l'aspect précédent. Ces valeurs sont reliées à cette partie de divinité en soi (au sens non dogmatique du terme), du précieux et du sacré en soi, pouvant être définie comme l'essence de l'être, cette partie de l'esprit qui vit et qui respire en soi, qui inspire et qui guide toujours vers la meilleure expression de ce que l'on est. Johanna n'est pas issue d'une famille spécialement branchée sur cet aspect des choses. Ce qui était important pour ses proches, c'était la gestion du quotidien, les petites choses de la vie. La préoccupation de ses parents était d'assurer le manger et le coucher, les études, les vacances, la sécurité du lendemain… À ce moment-là, les réflexions transcendantales et existentielles n'étaient certainement pas leur priorité. Pourtant, au moment de l'adolescence, des questions existentielles pointaient déjà à l'horizon de la conscience de Johanna : ce qu'était l'existence au sens large du terme, ce qu'était son existence, ce qu'elle avait envie de devenir, la manière dont elle pouvait s'exprimer pleinement dans cette existence… C'était un début !

Ces valeurs peuvent en fait commencer à s'exprimer à partir d'un mouvement qui vient du cœur de soi, de l'intériorité la plus profonde et réelle, pour aller vers l'extérieur de soi et s'exprimer au-dehors, dans les relations, dans la réalisation des projets ou encore des joies, comme une étoile qui guide vers un but défini du grand, du beau et du bon.

La huitième maison de Johanna

Parce que, en tant qu'être humain, nous sommes composés d'un corps et d'un esprit, apprendre à vivre, à ressentir profondément ce corps physique dans lequel notre esprit navigue et à vraiment décider d'en prendre soin est une autre des maisons à visiter. Johanna a vraiment commencé à considérer ce corps comme faisant partie d'elle-même lorsqu'elle a débuté des cours de sophrologie. Elle avait bien essayé d'acheter des livres sur le sujet, pour apprendre à se détendre, à se relaxer, mais étant un petit peu fainéante sur les bords, elle avait démarré les exercices prescrits dans les livres et tout aussi vite arrêté. Les livres lui avaient donné envie d'en savoir un peu plus sur elle, lui avait fait goûter à la pratique. Elle a donc ensuite eu envie de suivre des séances avec un professionnel pour plonger dans l'expérience. À partir de là, elle s'est reconnue ! Comme corps, avec la nécessité d'en prendre soin. Sentir lorsque ce corps est fatigué ou détendu, repérer lorsqu'il est nécessaire de se reposer ou les moments pendant lesquels il est possible d'effectuer de grandes activités, ressentir ses états intérieurs présents à chaque instant et développer cette capacité de vivre des états intérieurs agréables, positifs et ressourçants... c'est ce qu'elle apprenait à faire ! Elle s'est aussi reconnue comme esprit, avec la nécessité de développer une harmonie entre ces deux dimensions d'elle-même, pour le plus grand bénéfice de son être tout entier...

La neuvième maison de Johanna

Relier le corps à l'esprit. Nous avons, dans nos cultures occidentales, beaucoup accordé d'importance au mental, développant les capacités de rationalisation et de compréhension logique, ce que l'on pourrait imager par l'homme qui compte les arbres dans la forêt ; dans les cultures orientales en revanche, les facultés intuitives, imaginatives, contemplatives ont été privilégiées, ce que l'on peut imager par l'homme qui contemple la forêt. L'idée qui a toujours mené Johanna était de pouvoir relier les deux, pour être aussi bien dans une compréhension logique des choses que dans une compréhension intuitive et perceptive de celles-ci. Alors l'homme devient heureux parce qu'il voit les arbres aussi bien que la forêt ! Johanna n'est pas tombée dans la marmite de la perception et de l'intuition quand elle était petite. On pourrait même dire que sa faculté de compréhension rationnelle, comprendre tout, tout le temps, par la logique des choses, était devenue sa spécialité. À partir du moment où elle a aussi compris qu'elle avait ces deux possibilités (eurêka !), elle a décidé de s'intéresser à cette faculté de l'intuition et de la perception, qui naturellement allait aussi passer par la reconnaissance et l'expression de son affectivité.

La dixième maison de Johanna

Elle avait choisi et décidé de plonger au cœur d'elle-même en conscience, pour clarifier sa capacité de faire des choix conscients. La pensée que l'on peut agir sur sa vie, que l'on peut la construire, l'orienter vers ce que l'on a envie de vivre, nécessite de prendre des décisions, en tenant compte aussi bien de soi que de l'autre. Cette capacité de choix, de libre choix, que nous avons tous est parfois si envahie et encombrée par nos doutes, nos retenues, nos peurs de perdre ou d'être abandonnés que nous n'osons même plus l'utiliser pleinement, que nous l'étouffons parfois sans même nous en rendre compte. Nous avons tous appris que l'être humain est un être qui peut être libre, et le libre choix n'est-il pas l'essence de la liberté ? Johanna a vécu une expérience dans son adolescence où elle a perdu cette liberté, dans un enfermement amoureux. Elle s'était complètement aliénée pour un homme et elle n'existait plus vraiment en tant qu'elle-même, mais par l'intermédiaire de cet homme, au travers de ses points de vue, de ses regards, de ses attitudes. Elle était allée au plus profond du manque de liberté qu'elle pouvait vivre à ce moment de sa vie. Et elle ne savait pas vraiment ce qui l'avait sauvée... ou plutôt si ! Une étincelle de vie au fond d'elle lui avait rappelé cette capacité de libre choix. Elle pouvait choisir, en se laissant porter par un éclairage nouveau de ce que la vie elle-même lui montrait. Elle pouvait choisir la liberté ou l'emprisonnement, et elle a choisi la vie, elle a choisi la liberté d'être, même si cela lui semblait à l'époque impossible à concrétiser...

Cette capacité de choix éclairé implique tout naturellement la faculté de prise de recul sur ce qui a été vécu, la faculté de lâcher-prise, une distanciation des événements nécessaire pour ne pas encombrer inutilement la conscience après les avoir vécus… surtout lorsqu'ils ont été négatifs. Ce lâcher-prise peut ainsi permettre à ces éléments vécus de s'intégrer dans toute son histoire, en gardant le bon et en lâchant le moins bon, ce qui permet une mise en cohérence de ses structures de conscience internes, avec pour énorme bénéfice une manière plus positive d'approcher la vie. Lâcher prise a été pour Johanna, à certains moments, difficile. Comment pouvait-elle lâcher prise à propos d'idées qu'elle avait au profit de celles d'autrui ? Comment pouvait-elle lâcher prise dans une discussion alors qu'elle savait qu'elle avait raison ? À quoi cela servait qu'elle lâche prise dans une relation amoureuse alors qu'elle l'aimait ? Tant de circonstances de la vie l'ont amenée à découvrir et à fortifier cette capacité humaine. Qu'avait-elle, au fond, à y gagner ? Probablement ce qu'elle y a gagné : de meilleures relations avec les autres sans perdre ses idées, un enrichissement personnel en étant davantage dans l'écoute de l'autre, la possibilité d'une autre relation amoureuse où l'amour était réciproque… C'est un peu comme si le lâcher-prise ouvrait de nouvelles possibilités d'expérience et d'existence !

La douzième maison de Johanna

Enfin, dans le parcours de Johanna au cœur d'elle-même, est arrivée la maison d'œuvrer pour tous. Chacun d'entre nous vient avec un sens de vie, un ou plusieurs projets existentiels à mettre en œuvre au service de l'ensemble. C'est, là encore, une étoile qui nous guide dans notre réalisation personnelle, et lorsque nous nous exprimons pleinement, cela nous fait du bien et nous réchauffe le cœur. Cette œuvre qui se partage avec ce « tout » sous-tend comme idéal, comme but, une amélioration de cet ensemble dans lequel nous existons. Si chacun d'entre nous réussissait à être davantage conscient que chaque être vivant sur terre est précieux, par le simple fait de la complexité et du merveilleux de son développement physique et psychologique, quelles que soient les croyances ou les philosophies de vie, beaucoup de guerres et de conflits pourraient être évités. Le père de Johanna a toujours été dans le domaine associatif. C'était sa manière à lui de promouvoir son œuvre au profit de l'ensemble. Quant à Johanna, elle a très tôt souhaité être dans le domaine du prendre soin de l'autre, considérant que si chacun se sentait bien cela bénéficierait aussi à l'ensemble. Œuvrer pour tous peut malgré tout être fatiguant lorsqu'on voit que cela n'est pas une évidence commune à tout le monde... Mais quelque part, ce qui peut aider à garder la motivation, c'est de voir les extraordinaires possibilités et les énormes bénéfices aussi bien individuels que collectifs qui s'offrent à soi quand on est dans une aventure commune où chacun souhaite le meilleur à l'autre !

Plonger au cœur de soi – même si cela semble impossible –, tout un parcours, tout un cheminement personnel, tout un programme de vie ! Comme un artiste, nous avons à être suffisamment humbles pour laisser le passage à la nature de notre identité première. Comme un alchimiste, nous avons à transformer le plomb en or. Nous avons ainsi à plonger dans ce parcours de la connaissance de notre corps physique et de notre individualité pour qu'ils puissent s'exprimer dans notre monde, à la place où nous devons être. Nous avons à nous comprendre et à nous conquérir, pour que le processus alchimique de la transformation intérieure puisse avoir lieu. De nos limitations personnelles à nos ouvertures les plus grandes, de nos mouvements intérieurs bousculés à notre plus grande stabilité paisible, quels que soient les événements rencontrés, de notre fragilité d'être à l'expression de notre plus grande force, tout contribue à faire de nous ce que nous sommes vraiment, pour qu'enfin nous revenions dans le monde, éveillés à nous-mêmes, aux artistes créatifs que nous sommes finalement. Nous sommes nés pour être et pour créer… mais nous l'avons tout simplement oublié !

Clef 1

Donner et recevoir

Faire le point sur la manière dont nous donnons et dont nous recevons dans la vie est toujours riche de compréhension, et il n'est pas rare de constater que l'un de ces aspects prédomine souvent aux dépens de l'autre.

Donner

Donner vous met en relation avec tout ce que vous apportez au monde, que ce soit dans vos relations, dans votre famille, dans votre métier ou encore dans vos projets. Cela peut prendre des formes variées, comme donner de l'argent, donner du temps, mais aussi donner de votre présence, donner de l'attention, un sourire, de l'amour. Donner peut produire du ravissement dans la vie parce qu'il est souvent apprécié par autrui.

Mais donner, ce n'est pas donner à tout prix, donner à tout le monde, tout le temps. Il existe différentes facettes dans le domaine du « donner »... des manques jusqu'aux excès, jusqu'à s'oublier soi-même en ne se donnant pas suffisamment.

Peut-être faites-vous partie de ceux qui donnent sans cesse jusqu'à épuisement, naturellement, parce que vous n'avez jamais su faire autrement... Ce peut être au travail, par des journées à rallonge, un investissement souvent au-delà de ce qui vous est réellement demandé, certainement par désir de très bien faire votre métier. Ce peut être aussi à votre famille, vos enfants, en mettant en avant le bien-être de l'autre avant le vôtre comme étant une chose naturelle de la vie. La présence de pensées illusoires, conscientes ou inconscientes, est fréquente dans le champ de l'esprit, comme celle qui dit que si l'on donne beaucoup, c'est sûr, on sera reconnu ou aimé à la même hauteur de ce que l'on donne. Vient ensuite le désespoir, ou la désillusion, de constater que cela n'est pas forcément vrai ! En effet, ceux qui vous côtoient ne sont pas eux-mêmes en harmonie dans l'expression de leur « donner » et de leur « recevoir » dans leur vie. Ce triste constat peut alors faire surgir un sentiment intérieur de frustration qui vient s'ajouter à l'épuisement physique et émotionnel, secondaire à l'excès d'investissement dans le « donner ».

Peut-être faites-vous partie des « happeurs du donner »... Vous venez alors chercher, demander, quémander, encore et encore, comme si vous vouliez vous alimenter d'attention, de présence, d'amour de l'autre, sans être jamais vraiment rassasié. C'est une manière de vous nourrir sur différents plans, que ce soit émotionnellement ou psychiquement, alors qu'en vous-même se vit un manque ou une frustration.

Peut-être encore faites-vous partie de ceux qui se font happer… Vous pouvez alors avoir l'impression de donner sans fin, encore et toujours, sans que l'autre soit jamais satisfait de ce qu'il reçoit, et là aussi finir par vivre de l'épuisement.

Peut-être enfin n'avez-vous jamais appris à donner…

L'une des principales caractéristiques qui font que donner, c'est vraiment donner, est que cela se doit d'être un acte gratuit. Quand on donne avec l'intention, consciente ou inconsciente, de recevoir de l'autre systématiquement ou de demander à l'autre dans l'idée d'obtenir quelque chose, nous ne pouvons pas considérer cela comme un véritable don, mais plutôt comme une forme manipulatoire de demande, n'osant pas exprimer celle-ci de manière claire et décodée, peut-être par peur d'être rejeté !

Recevoir

Recevoir fait appel à votre capacité d'accueillir ce que la vie vous procure, par l'intermédiaire de votre famille, de vos amis, de vos rencontres, même provisoires, de vos projets, de votre métier, de la société… Nous n'avons pas toujours appris à accueillir ou nous avons appris à mettre cette capacité de côté pour ne pas passer pour des égoïstes ou des individualistes. Pour accueillir pleinement le don de la vie, il convient de développer une construction stable de son individualité. La confusion existe généralement entre la notion d'individualité et celle d'individualisme. Par individualité, entendez la capacité humaine de se reconnaître en tant que tel, de s'accepter tel que l'on est, de dire ce que l'on est et d'oser être et dire ce que l'on est, au même titre que l'on reconnaît l'autre dans ce qu'il est, qu'on l'accepte tel qu'il est et qu'on le considère à la même hauteur et à la même valeur que soi, sans vouloir l'écraser. Cette capacité d'assertivité permet de se placer dans une attitude de justesse au regard des deux parties en présence. Dans l'individualisme en revanche, la considération de soi est plus importante que celle de l'autre, et cette déconsidération de l'autre peut alors produire des attitudes écrasantes envers lui, des pensées et des paroles blessantes, des actions néfastes, ne prenant en compte que l'une des deux parties concernées, la sienne.

Recevoir, c'est apprendre à accueillir ce que la vie peut vous apporter de meilleur, un moment agréable entre amis, un soleil couchant sur une étendue d'eau brillante ou encore une étreinte de l'être cher dans les bras l'un de l'autre… sans avoir peur de recevoir du « pire » ou du « mauvais ». Rien que cette idée pourrait d'ailleurs vous donner envie de réduire cette capacité d'accueillir… pour ne pas souffrir ! Tout accueillir et faire le tri avant d'en profiter pleinement peut être un état d'esprit nouveau, se basant sur une démarche intérieure sécuritaire pour vous. Que désirez-vous recevoir dans votre vie ? Qu'avez-vous envie d'accueillir dans votre existence ? Que vous autorisez-vous à vivre là où vous en êtes dans votre parcours d'être humain ? Ce sont autant de questions que vous pouvez vous poser pour contribuer à amplifier cet état intérieur d'accueil. En donnant un sens, une direction à votre esprit, à votre cerveau, à vos pensées, vous leur permettez de vous diriger plus naturellement vers l'état que vous souhaitez obtenir.

Ajuster ce que l'on donne et ce que l'on reçoit

Plonger au cœur de soi, c'est accepter de revoir ce que vous donnez au monde et ce que vous recevez du monde. Vous pouvez choisir consciemment de réajuster l'énergie que vous mettez ou que vous alimentez dans les choses, les situations, les personnes, tout ce qui aurait besoin d'être réajusté, avec comme objectif d'être dans un équilibre plus grand dans ce « donner » et ce « recevoir » de la vie, en vous et dans vos relations. À chaque fois que vous décidez de vous installer dans une telle posture d'harmonie, vous permettez à d'autres d'en faire autant.

Exercice pratique

1. Réfléchir sur le « donner »

Prenez une feuille de papier sur laquelle vous allez prendre vos notes. Vous allez d'abord vous concentrer sur l'aspect du « donner ». Essayez de répondre à la question suivante et notez vos réponses : à qui ou à quoi pensez-vous donner le plus de votre énergie (temps, pensées, actions...) aujourd'hui ? Des personnes en particulier, des objets, des situations, des projets...

Dans cette liste, regardez là où vous savez que vous donnez votre énergie avec plaisir et là où vous voyez que vous donnez votre énergie comme par obligation, par devoir ou par nécessité. Essayez d'être honnête avec vous-même et prenez toujours la première impression qui vient. C'est souvent la bonne !

Maintenant, mettez de côté la liste de l'énergie que vous donnez avec plaisir et celle de l'énergie que vous donnez par obligation.

2. Se centrer

Placez votre attention sur le devant de votre corps, alors que vous êtes installé confortablement, et observez votre respiration pendant quelques instants, les mouvements du thorax et de l'abdomen... Ensuite, essayez de suivre le flux de l'air qui entre et qui sort, cet air que vous prenez dans votre environnement immédiat : sentez-le arriver au niveau du nez, puis continuer son trajet au niveau de la gorge, de la trachée, descendre ensuite dans les poumons, les bronches, les bronchioles, les alvéoles… tout cela au moment d'inspirer l'air. À l'expiration, sentez l'air faire chemin en sens inverse : à partir des alvéoles, il repasse par les bronchioles, les bronches jusqu'à la trachée, remonte ensuite en passant par la gorge, le nez, pour ressortir par le nez, à l'extérieur de vous.

Faites cet exercice pendant quelques minutes.

3. Méditer

Lorsque vous vous sentez calme, posé, centré, laissez venir dans votre esprit la liste des choses que vous donnez au monde, l'énergie que vous donnez par obligation, devoir ou nécessité, et que vous ne voulez plus donner aujourd'hui, et peu importe les raisons de votre choix. Intérieurement, émettez l'intention de ramener toute cette énergie en vous-même tout en exprimant de la gratitude pour ces situations ou ces personnes, pour tout ce qu'elles vous ont apporté, que vous en soyez conscient ou pas. Restez dans cette intention de récupérer votre énergie et observez ce qui se passe en vous comme impressions, comme sensations, comme ressentis. Si quelque chose de désagréable se produit en vous, essayez de ne pas vous y accrocher et utilisez votre souffle pour chasser à l'extérieur de vous cet éventuel inconfort grâce à l'expiration. Expirez fortement par la bouche, plusieurs fois de suite, jusqu'à ce que vous vous sentiez à nouveau calme.

Maintenant, laissez venir dans votre esprit la liste des choses où vous donnez par plaisir. Peut-être que d'autres idées viendront compléter votre liste première ! Intérieurement, émettez l'intention d'envoyer de l'énergie, de l'amour, de la joie, à ces situations ou ces personnes, librement. Observez là encore ce qui se produit. Quelles sont vos sensations, vos ressentis, votre ambiance intérieure lorsque vous faites cela ? Prenez le temps d'apprécier ce que vous vivez maintenant, pendant quelques instants…

4. Réfléchir sur le « recevoir »

Passons maintenant à l'aspect du « recevoir ». Essayez de répondre aux questions suivantes et notez vos réponses sur votre feuille. Qu'aimeriez-vous recevoir du monde ? Qu'auriez-vous besoin de recevoir des situations que vous vivez aujourd'hui, des personnes avec qui vous vivez, avec qui vous travaillez ou que vous côtoyez régulièrement ?

Ce peut être de la reconnaissance, de l'amour ou de la tendresse, de la joie ou de la clarté. Ce peut aussi être de l'organisation, de la structure, ou encore de l'humilité, de l'attention, de la confiance… Les possibilités se comptent par centaines !

5. Se centrer

Installez-vous à nouveau dans votre posture intérieure de centrage, de calme, avec un sentiment d'être posé, grâce à quelques moments de concentration sur votre respiration.

6. Méditer

Ouvrez-vous maintenant à cette possibilité d'accueillir tout ce dont vous avez besoin pour vous soutenir dans ce que vous faites, dans ce que vous êtes. Intérieurement, mettez-vous dans l'intention d'activer comme des conteneurs en vous, des réceptacles supplémentaires, un espace plus grand pour recevoir davantage ce que vous souhaitez, ce dont vous avez besoin, tout ce que vous avez noté sur votre liste du « recevoir ».

Observez votre ambiance intérieure, vos sensations, vos ressentis, tout en essayant d'être confortable avec eux. Peut-être ressentirez-vous comme une chaleur dans le thorax ou l'impression que votre cœur se nourrit. Acceptez de vivre cela… ça fait du bien !

7. Totaliser l'expérience

Alors que vous êtes en train de créer un espace d'ouverture et d'accueil supplémentaire en vous, en train d'accepter de recevoir ce qui peut vous aider, vous soutenir dans cet espace pour votre réalisation personnelle, vous pouvez aussi émettre l'idée que ce que vous recevez soit en harmonie avec ce que vous donnez… et que ce que vous donnez soit en harmonie avec ce que vous recevez.

Profitez de cet instant de manière agréable !

Clef 2

Apprivoiser ses émotions

Le fait d'être humain implique nécessairement le fait d'avoir une affectivité, une sphère émotionnelle et sentimentale. Nous sommes aussi bien émetteurs que récepteurs d'une palette émotionnelle très variée, des émotions les plus bouillonnantes aux sentiments les plus calmes et les plus profonds.

Le ressenti décrit la manière dont les émotions et les sentiments vous parlent par l'intermédiaire de votre corps physique. Lorsque vous vivez une situation de quelque ordre que ce soit, un ensemble de réactions physiologiques se produit dans tout le corps. Lorsque la situation s'arrête, les réactions biochimiques se rééquilibrent et l'émotion devrait normalement se calmer et s'apaiser. C'est pour cela que l'émotion est souvent décrite comme étant de courte durée, paroxystique, avec une intensité qui peut retomber aussi vite qu'elle est montée, même si parfois vous avez l'impression que votre état émotionnel continue à être perturbé même lorsque l'événement est dépassé. Souvent, c'est parce que vous continuez d'alimenter cette situation par des pensées répétitives ; elles la maintiennent présente dans votre esprit, le cerveau ne faisant pas vraiment la différence entre une situation réellement vécue et une situation seulement imaginée ! Il est aussi possible que vous conserviez une sorte de bouleversement intérieur parce que vous avez été touché ou blessé profondément.

Émotion et sentiment

Selon sa teneur, l'émotion peut être très bénéfique ou au contraire très néfaste, que ce soit pour soi ou pour autrui.

Une émotion de colère qui s'exprime peut donner l'impression qu'elle fait du bien ! Déverser cette colère sur une autre personne, un groupe ou encore la société donne l'impression d'avoir dit ce qu'on avait à dire, d'avoir fait baisser l'inconfort généré par la pression ressentie intérieurement, et d'avoir été entendu dans le message que l'on voulait faire passer. En réalité, c'est une grande illusion ! En effet, nous savons bien que les mots dits sous l'effet de la colère dépassent souvent la pensée. La pression redescend d'une certaine manière, avec souvent la présence en soi d'une grande fatigue, comme après avoir été soumis à une tempête, voire à une énorme tornade. Enfin, parce que les mots dits n'ont pas vraiment traduit le fond de la pensée, arrive le fameux sentiment de culpabilité, que tout un chacun connaît systématiquement après un épisode de colère envers autrui. La culpabilité de ne pas avoir réussi à se contrôler, la culpabilité d'avoir fait mal à l'autre, de ne pas avoir réussi à dire ce que l'on voulait vraiment dire.

L'émotion peut aussi être porteuse d'énergie et de motivation, surtout lorsqu'elle est favorable à son cœur : l'émotion de pétillement joyeux, l'émotion amoureuse, la présence en soi d'un mouvement heureux, tout cela nous transporte et nous élève toujours, car ce type d'émotion met de l'essence dans le moteur de notre vie !

Ainsi, lorsqu'une émotion nous déstabilise ou entraîne une restriction de notre être, nous la caractérisons volontiers de négative. Lorsqu'elle nous élève, nous amuse ou nous libère, nous parlons d'elle comme quelque chose de positif.

Le sentiment, quant à lui, est plus en relation avec un état intérieur posé dans la profondeur de l'être, plus stable également dans le temps. C'est parce qu'il relie plus volontiers le côté intellectuel, rationalisant d'une certaine manière l'émotion première, chaque émotion ayant une contrepartie dans la sphère du sentiment. À titre d'exemple, l'émotion explosive de la colère peut faire place au sentiment plus latent de la rancune lorsqu'elle n'a pas été apaisée. Elle peut par contre laisser la place à un sentiment de paix et de pardon lorsqu'elle a été dépassée… L'émotion amoureuse tumultueuse reliée au désir de l'autre peut quant à elle faire place dans le temps au sentiment plus profond de l'amour désirant.

La liberté qui peut se déployer en vous au fur et à mesure que vous apprenez à mieux apprivoiser votre sphère émotionnelle passe d'abord par le désir de dépasser et de transcender cet état normalement transitoire, ponctuel, dans lequel vous vous sentez plutôt survolté intérieurement. Cette liberté continue alors à se gagner par le désir de conserver la « substantifique moelle » positive, à savoir le sens de ce qui a été vécu, contribuant à toucher un état intérieur profond de bien-être. L'installation au cœur de vous-même de ce sentiment plus profond et durable se fait ainsi de deux manières. La première, par l'utilisation d'une compréhension logique de la situation, permet une première distanciation de l'événement. Lorsqu'on donne un sens à une situation de sa vie, cela commence à produire un apaisement mental et intérieur. La seconde, par une utilisation du potentiel du corps, permet un soulagement plus profond de soi, parce que mettant au repos toutes les sensations et les ressentis désagréables vécus dans son corps. L'émotion peut alors être considérée comme l'ingrédient d'une expérience globale, permettant de mieux nous connaître dans ce qui nous plaît à vivre ou non. Une fois vécue et transformée, elle fait alors la place au sentiment équivalent, plus harmonieux et plus constant, contribuant ainsi à nous faire gagner en stabilité, en complétude et en existence vraie !

Apprivoiser ses émotions ne veut pourtant pas dire ne plus vivre ou ressentir ces émotions. C'est ce qui fait de l'être humain quelqu'un de passionné et de vivant. Savoir les apaiser quand elles sont néfastes ou les amplifier lorsqu'elles sont bénéfiques viendra enrichir la musicalité de votre intériorité.

Le chemin émotionnel corporel pour réguler les émotions…

Lorsque vous vivez une situation difficile, tout votre corps réagit à cette situation et se met dans une forme de mouvement intérieur. La respiration et le cœur s'accélèrent, des tensions musculaires apparaissent dans certaines zones physiques, variables selon votre sensibilité et les parties plus fragiles du corps, à savoir le plus souvent la nuque, le bas du dos ou la tête. À cause de ces crispations, un ou plusieurs méridiens de votre système énergétique se dérèglent. Ce dernier peut être vu comme une sorte de réseau physique interne, composé de canaux, les méridiens d'acupuncture, servant à faire circuler l'énergie électrique dans le corps humain. Le ou les méridiens touchés se contractent ou se rétractent, produisant une surcharge ou un déficit d'énergie dans la région physique concernée. L'information du blocage est envoyée au cerveau par l'intermédiaire du réseau nerveux. Celui-ci, par effet retour, initie une réaction biochimique en chaîne à l'intérieur des cellules, réaction qui est à l'origine de la production des émotions, des sensations et des réactions instinctives.

La voie de régulation émotionnelle du corps passe par une stimulation du réseau énergétique pour rééquilibrer l'énergie dans le ou les méridiens perturbés par l'événement vécu de manière blessante. L'information circule à nouveau et rapidement au cerveau. Celui-ci a la capacité de favoriser un retour à l'équilibre immédiat des sécrétions biochimiques, et par voie de conséquence un apaisement tout aussi rapide des sensations et des émotions qui avaient été créées lors du déséquilibre premier. Cela peut facilement être constaté par la présence en soi d'un état de détente plus grand, d'un apaisement intérieur, d'un calme, d'une paix ou encore d'une sérénité profonde. La mémoire factuelle de l'événement reste, bien sûr, parce qu'il a été vraiment vécu, mais tout ce dont il a été porteur comme inconfort se trouve alors calmé, régulé, effacé, non refoulé, non réprimé. Le soulagement se vit intérieurement, et la clarté d'esprit peut alors se manifester, teintant la situation d'un autre point de vue. L'intellect peut ensuite se distancier de l'événement, prendre du recul, ce qui favorise l'enregistrement dans le champ de l'inconscient d'une situation bien gérée et bien réglée, en quelque sorte apprivoisée, avec toute la sagesse qui en ressortira, ainsi qu'un savoir-faire nouveau dans les situations similaires à venir.

Exercice pratique

Voici une technique que je trouve assez extraordinaire pour l'apaisement émotionnel par la voie corporelle. Elle s'appelle l'EFT, *Emotional Freedom Techniques,* ou techniques de liberté émotionnelle.

Elle utilise le système des méridiens d'acupuncture. D'autres approches utilisent aujourd'hui ce système, comme la médecine traditionnelle chinoise, notamment en acupuncture – les aiguilles servent à stimuler et à réguler l'énergie dans ces canaux en différents points, reliés entre eux en des séquences données pour obtenir des effets bénéfiques –, ou dans des techniques corporelles de bien-être comme le shiatsu. La stimulation des zones physiques en relation avec les méridiens, faite de pressions avec les doigts, la paume des mains ou les coudes pour atteindre les points sur les canaux situés plus en profondeur dans le corps, permet une régulation de cette énergie intérieure, procurant harmonie, détente physique et émotionnelle.

L'EFT, par simple automassage, sans aiguilles, permet de stimuler ces méridiens au niveau de leur point d'entrée ou de sortie à la surface de la peau, parce qu'ils sont alors plus sensibles à la stimulation, tout en se concentrant sur une situation créatrice d'émotions.

Dans cette pratique, vous allez utiliser la stimulation en séquence de certains points se trouvant sur les méridiens d'acupuncture, soit par de petits massages circulaires, soit par des tapotements légers avec deux ou trois doigts, en restant concentré sur l'état émotionnel en relation avec la situation choisie. Vous pouvez refaire l'exercice autant de fois que vous le souhaitez dans la journée, près de l'événement vécu, à distance, avant de vous endormir ou encore à chaque fois que cet événement stressant vous revient à l'esprit. Vous permettez ainsi au corps de se rééquilibrer intérieurement pour vivre des sensations de détente et d'apaisement, et à l'esprit, libéré des ressentis désagréables, de ne pas enregistrer dans la mémoire les inconforts qui auraient pu conditionner des actions et des réactions futures similaires, même en situation semblant nouvelle.

Pour commencer, je vous propose de masser en petits cercles avec le bout des doigts (index et majeur) de chaque main, des deux côtés en même temps, les points suivants :

– début des sourcils (1)
– coin externe des yeux (2)
– sous les yeux (3)
– sous le nez (4)
– creux du menton (5)
– début des clavicules (6)
– sous les bras (7)
– sous les seins (8)

Massez chaque point pendant au moins 1 à 2 minutes en restant concentré sur le ou les aspects émotionnels présents ou sur vos sensations physiques

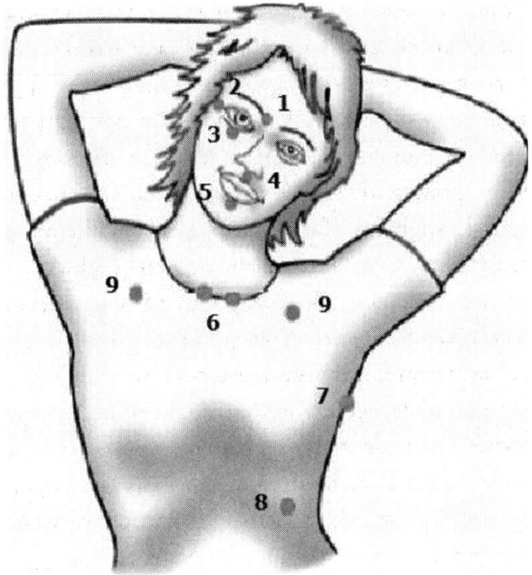

(colère, injustice, énervement, incertitude, ennui, envie, tension au plexus solaire, crispation à la tête…), mais aussi sur la situation en elle-même, ce que vous en pensez, ce que cela procure en vous maintenant…

Répétez cette stimulation de tous les points autant de fois que nécessaire – trois fois, quatre, dix… –, tout le temps pendant lequel vous êtes plongé dans l'état émotionnel désagréable, jusqu'à ce vous ressentiez un apaisement en vous.

En stimulant par petits cercles les points dits de congestion lymphatique (9), restez concentré autant de temps que nécessaire sur chacune des phrases suivantes :

- « Je suis capable de retrouver mon calme même si j'ai été très énervé, irrité, stressé ou peiné, rempli de désir ou d'envie. » (Choisir le ou les ressentis en fonction de votre situation personnelle.)
- « Malgré cette situation qui m'a touché, stressé, blessé ou peiné, je m'accepte complètement. Et même si je ne m'accepte pas complètement, je peux envisager de m'accepter dans cette situation, aujourd'hui et en cet instant. »

Ensuite, prenez trois grandes respirations depuis le bas de l'abdomen jusqu'en haut des épaules.

Stimulez à nouveau tous les points du schéma. Cette fois-ci, pendant que vous stimulez chacun d'eux, concentrez-vous sur les idées suivantes en les répétant au moins trois fois mentalement, puis arrêtez de stimuler et laissez les doigts posés sur le point, prenez une grande inspiration puis une grande expiration, et passez au point suivant.

1. Sur le début des sourcils : « Je suis capable de vivre le calme en moi maintenant. »
2. Sur le coin externe des yeux : « Je choisis de calmer mon mental et mes pensées. »
3. Sous des yeux : « J'aime être joyeux et heureux. »
4. Sous le nez : « J'aime vivre la tranquillité. »
5. Dans le creux du menton : « Je me sens soulagé et apaisé. »
6. Au début de la clavicule : « Je rigole déjà de l'absurdité de cette situation. »
7. Sous les bras : « En cet instant, je suis capable de m'apprécier profondément. »

8. Sous les seins : « J'aime quand je me sens bien en moi. »

Terminez en massant, avec le bout de tous vos doigts, le dessus de votre tête en vous concentrant sur la phrase suivante, trois fois de suite : « Tant que je vis, il y a de l'espoir, et je le sais. Cet espoir me soutient et m'encourage à être moi-même dans tous les aspects de mon existence. »

Clef 3

Communiquer sainement

Vous constatez certainement aujourd'hui combien la communication manque de savoir-faire et de savoir-être. Certains communiquent en posant des questions mais n'écoutent pas vraiment les réponses, d'autres veulent toujours exprimer leur point de vue mais ne prennent jamais en considération celui des autres, d'autres encore n'arrivent pas à exprimer vraiment leurs idées avec clarté, le fond de ce que pense leur cœur, par peur d'être déconsidérés : à chaque fois, on ne peut que constater un manque d'aptitude dans ce domaine.

Savoir communiquer n'est pas si naturel que cela, même si tous les ingrédients d'une bonne communication sont là, dès le départ. Le cerveau et la tête produisent les pensées. La bouche, les cordes vocales, le thorax offrent la caisse de résonance nécessaire à l'expression de la voix et des mots. Le corps, les bras, les mains ponctuent les attitudes en relation avec les pensées, et le visage met en images et en cryptogrammes ce dont les mots sont porteurs.

Malheureusement, tous ces aspects n'agissent pas forcément en harmonie ! Les pensées peuvent être porteuses d'un message que les mots n'arrivent pas à retraduire. Les mots peuvent dire autre chose que ce que le corps exprime, et réciproquement. Comme si chacun de ces différents porteurs du message était un instrument qui jouait seul dans son coin une partition isolée, sans un vrai chef d'orchestre pour aider à la mise en cohérence et à la cohésion de l'ensemble. Il n'est donc pas étonnant de vivre des difficultés à se faire comprendre de l'autre par une difficulté à se dire à l'autre. Vous pourriez ajouter à cela l'expression d'une mélodie parfois composée de notes indéchiffrables pour l'autre, ou un langage propre distribué à un rythme très personnel, sans l'envie de vouloir ou de savoir se mettre à la portée de cet autre. Sans oublier, non plus, que l'autre a également sa propre partition à jouer, est son propre chef d'orchestre et a une capacité tout à fait personnelle d'envisager sa mélodie et son rythme, ce qui constitue aussi un système de filtrage et de distorsion du message exprimé.

Alors non ! La mélodie de la communication n'est pas un langage universel comme le sont les notes de musique, les noires et les blanches, posées sur une partition, décryptées et jouées par n'importe qui dans le monde ayant appris la musique. Cela fait que, parfois, nous nous retrouvons face à de véritables cacophonies… de communication !

Une question d'importance

Pour être dans une communication juste et équilibrée, il faut d'abord plonger en soi pour prendre conscience de la cohérence qui existe, ou pas, entre ce que l'on pense, ce que l'on dit par la parole et ce que l'on exprime par le corps et ses attitudes. Ensuite, tout en se connaissant mieux, cela nécessite aussi de se décentrer de soi pour mieux se centrer sur l'autre, lorsque les réponses arrivent, pour écouter et décoder la mélodie de l'autre. Ce décodage réciproque est ce qui pourra permettre à la communication entre deux êtres de se poser sur un même plateau, favorisant la compréhension mutuelle. Communiquer devient alors un véritable art, dans lequel chacun s'exprime avec plus de facilité, se sent écouté dans ce qu'il est, même si les points de vue et les opinions divergent, ce qui, somme toute, fait aussi la richesse des échanges et contribue à la progression des idées de l'ensemble.

Au-delà du savoir-faire dans l'utilisation des mots pour retraduire au mieux les pensées, au-delà du savoir-être de l'accueil de l'autre et de sa capacité d'expression et d'écoute, la manière dont vous vous percevez intérieurement va influer naturellement sur votre manière de communiquer.

Vous considérez-vous comme plus important que l'autre, pensant savoir plus et mieux que lui et voulant absolument avoir raison ? Alors, il y aura de fortes chances pour que, sans même vous en rendre compte, vous le déconsidériez, pour que dans vos paroles se trouvent des connotations qui lui feront dire ou penser qu'il est moins bien que vous, ou encore que vous ne l'écoutiez pas. Ce ne serait pas étonnant alors de le voir réagir lors des échanges par de l'agressivité ou par du repli, selon sa personnalité et son caractère.

Vous considérez-vous comme moins important que l'autre, doutant de ce que vous êtes, de vos capacités, de vos connaissances, de vos atouts ? Alors, il se pourrait que vous n'osiez pas exprimer ce que vous pensez, ce que vous ressentez au plus profond de vous, par peur d'être bousculé ou repoussé, voire rejeté. L'autre ne vous verra pas, ne saura pas ce que vous pensez réellement et ne pourra pas tenir compte de vos points de vue dans ses prises de décision, occasionnant chez vous l'impression et la frustration de ne pas avoir été entendu.

Il se pourrait aussi que vous ne trouviez ni vous ni les autres importants, estimant que ça ne vaut pas la peine d'exprimer vos points de vue et vos opinions, que rien ne changera jamais, que tout cela est sans importance. Vous pourriez alors ne plus trouver d'intérêt à communiquer vos points de vue et vos opinions, jusqu'à en venir à vous replier sur vous-même.

Partager pour construire

Dans ces postures, les mots utilisés, les pensées exprimées, les attitudes prises, les émotions mobilisées parlent un certain langage et créent une forme de relation de dépendance à l'autre. Lorsque vous vous sentez plus important que l'autre, bien que cela se vive le plus souvent de manière inconsciente, vous vous installez dans une forme de prise de pouvoir sur l'autre. Vous ne lui laissez pas son espace d'expression et vous empiétez d'une certaine manière dans cet espace, ce qui fait que l'autre ne peut que se replier sur lui-même et être poussé dans ses retranchements. Vous finirez par être considéré par l'autre comme un « attaquant » qui veut à tout prix gagner. Si l'autre n'a pas beaucoup de puissance ou de force intérieure, il se laissera déstabiliser et il partira. S'il a une puissance et une force intérieure déjà présentes, il aura de la repartie pour vous repousser. S'il manque de savoir-faire dans sa communication, il le fera de manière agressive, à la manière de l'adage « œil pour œil, dent pour dent », et cherchera à vous faire mal, à vous blesser, pour gagner. Si en revanche vous vous sentez moins important que l'autre, vous lui laisserez plus facilement l'accès à votre espace personnel intime. De ce fait, vous n'arriverez jamais vraiment à exprimer en présence de l'autre la nature de ce que vous êtes vraiment, de vos pensées, de vos émotions. Cette expression cherchera malgré tout à se faire, souvent par le biais d'une tierce personne, comme si la présence d'un « sauveur » était recherchée, une personne à qui on raconte ses misères, pour avoir malgré tout une écoute quelque part, qui fait du bien. En réalité, vous aurez inconsciemment mis un couvercle sur votre propre puissance personnelle, en vous laissant écraser par celle de l'autre. Du fait que vous n'osiez pas l'affronter, se créera une dépendance, sous forme d'un schéma de fonctionnement relationnel, dans lequel vous irez toujours rechercher la présence d'un tiers pour exprimer ce que vous avez à dire, sans jamais prendre le risque de le dire à la personne concernée. C'est ce qu'on appelle en psychologie un triangle de dépendance relationnelle.

Au-delà de ces postures de subordination, nous pouvons choisir de nous positionner comme égal à l'autre dans notre relation, même si nous ne sommes pas similaires dans nos structures identitaires, dans nos contenus de conscience et nos capacités d'expression. Nous pouvons choisir de trouver des terrains communs, nous pouvons choisir d'apprendre à mieux communiquer car, en réalité, l'acte de communiquer peut devenir une véritable expression artistique de nos modalités d'être. Les bénéfices possibles ? Éviter que les conflits s'installent et s'amplifient au sein d'une même structure, qu'elle soit familiale, sociale, professionnelle ou encore internationale… En acceptant de partager sa « part de soi » qui fait que l'on est unique et en la considérant comme aussi importante que celle de l'autre, cela peut contribuer à la construction d'un ensemble plus cohérent et plus harmonieux au sein même de ces structures.

Exercice pratique

Je vous propose ici un exercice afin de mieux vous placer en tant que communicant, pour contribuer à une expression mutuelle agréable. Certains éléments clefs ponctuent toute communication saine et efficace avec autrui. L'écoute attentive implique, le temps d'un instant, une mise entre parenthèses de vos propres idées et concepts nécessitant de savoir vous installer dans un état intérieur d'accueil à l'autre. Une communication claire invite à décoder le message transmis au-delà de vos a priori et de vos jugements personnels. Aborder la relation de communication dans un positionnement d'être humain similaire à l'autre dans sa forme, ni plus ni moins, est une des conditions de réussite de la communication, même si les points de vue divergent. Enfin, la capacité à savoir apprécier les résultats de l'échange réalisé, que ce soit un simple partage d'idées ou la concrétisation d'un projet, peut procurer du plaisir. Le plaisir d'une réussite, le plaisir d'un partage, le plaisir d'une expression, c'est un état qui nourrit l'être essentiel, le cœur de ce que nous sommes.

Ainsi, en tenant compte de ces principaux éléments clefs et en les reliant à un état intérieur de centrage et de paix, vous serez capable de créer entre vous et vos interlocuteurs une sorte de boucle relationnelle, porteuse symboliquement de réussite.

1. Se centrer

Asseyez-vous confortablement, pieds posés bien à plat sur le sol, dos le plus droit possible, poids du corps reposant sur les fessiers. Essayez de trouver du confort dans cette posture, alors que les mains sont posées sur les cuisses, paumes contre celles-ci. Prenez conscience de votre assise et de votre stabilité dans cette posture. Fermez maintenant les yeux et concentrez toute votre attention sur vous-même, pas seulement sur une partie de vous, mais sur l'ensemble de votre corps, comme si vous vouliez avoir une vue d'ensemble de votre structure physique, de votre dimension intérieure corporelle. Essayez de vous imprégner du sentiment d'être bien posé en vous et d'être confortable dans cette impression de centrage.

Dirigez maintenant votre attention sur vos pieds, pour développer la conscience du contact des pieds sur le sol. Sentez-vous vos pieds dans vos chaussures (si vous n'êtes pas pieds nus) ? Percevez-vous le contact particulier de la voûte plantaire directement sur le sol ou avec la semelle de vos chaussures ? Pouvez-vous percevoir cette connexion spécifique avec la terre, qui peut aller bien au-delà du sol, comme si vos pieds s'enfonçaient dedans, vous fournissant une sécurité et une stabilité supplémentaires ? Considérez l'idée d'avoir les pieds bien sur terre, ce qui vous permet d'être dans une action concrète et efficace, réaliste et structurée. Prenez un instant pour vous imprégner de toutes ces sensations, de tous ces ressentis, comme si vous vouliez que votre corps enregistre toutes ces informations, qu'il les mémorise…

Laissez maintenant remonter votre attention vers le haut de votre tête et ressentez la façon dont elle est en relation avec l'air qui vous entoure, avec cet espace libre de tout mouvement, la liberté de ce qui vous inspire, un espace qui vous relie aussi à un ensemble, un environnement, dans lequel nous respirons tous, dans lequel nous existons tous, dans lequel nous vivons tous... C'est un espace où tout pourrait être possible, un espace alternant la clarté et l'opacité, le jour et la nuit, l'ordre et le chaos nécessaires avant la création d'un ordre nouveau. C'est un espace d'ouverture à vos possibilités, à l'intuition de vos rêves, qui vient alimenter vos désirs les plus profonds, un espace de légèreté aussi léger que l'air que vous respirez. Prenez quelques instants pour apprécier et savourer l'ambiance que génère cet espace en vous...

Entre le contact de la réalité terrestre et l'espace d'une réalité possible, il y a ce que nous sommes, l'être que nous avons choisi d'être dans notre humanité. Pas celui que nous croyons être, mais celui que nous sommes réellement, sans artifices, sans peurs, sans doutes, avec confiance, avec joie et avec espoir. Un espace intérieur d'une conscience qui se maintient dans la verticalité de son corps, un aspect essentiel de nous-mêmes, celui qui sait et qui connaît tout du soi intérieur, celui qui vibre à l'amour d'une rose comme à l'amour d'un être cher à son cœur... Essayez de prendre contact avec cet aspect de vous-même, pour qu'il se révèle encore davantage à votre vision intérieure, pour qu'il puisse aussi dépasser cette intériorité, s'épandant tout autour de vous, dans votre extériorité, faisant ainsi profiter à tout ce qui vous entoure de l'ambiance générée par ce niveau de conscience particulière.

Sentez-vous bien centré, entre le haut et le bas, la droite et la gauche, l'avant et l'arrière, l'intérieur et l'extérieur…

2. Méditer sur l'écoute active

En restant présent à cette conscience de vous-même, laissez maintenant résonner en vous les aspects clefs d'une relation de communication idéale. Réfléchissez quelques instants à la notion d'écoute attentive, à ce que signifie pour vous d'être dans une écoute attentive envers autrui… Respirez profondément. Si par hasard des doutes, des mécompréhensions ou encore des inconforts se présentaient dans votre conscience, laissez-les passer. Ne vous accrochez pas dessus. Vous pouvez même utiliser votre souffle pour expirer ces inconforts à l'extérieur de vous-même, bien loin de vous. L'écoute attentive… qu'est-ce que cela signifie pour vous ? Qu'est-ce que cela peut apporter et nourrir de positif dans la relation, dans la communication ? Même si aucune idée ne venait pendant cette méditation, le simple fait de focaliser son attention sur cet aspect des choses lui fait prendre de la valeur. La conscience est intelligente. Le fait de l'orienter vers quelque chose de spécifique lui fera passer le message que cette chose est importante pour vous. Elle pourra alors aller chercher toute l'information nécessaire pour qu'elle devienne votre réalité et pour qu'elle vous aide à mettre en place les attitudes et les comportements nécessaires à sa réalisation. L'écoute attentive… que peut-elle vous apporter dans la communication et la relation à l'autre ?

Comment peut-elle favoriser une harmonie dans le « donner » et le « recevoir » de la relation ?

3. Méditer sur la communication claire

Mettez-vous maintenant en résonance avec l'idée d'une communication claire. Qu'est-ce que cela signifie pour vous la clarté dans la communication, que ce soit dans une relation à deux ou à plusieurs ? Comment pouvez-vous améliorer votre manière de communiquer de façon plus claire ? La clarté de communication… de quoi avez-vous besoin pour cela ?

4. Méditer sur la similitude d'être

Dans cette posture de centrage et de volonté de communiquer sainement, essayez aussi de vous imaginer en relation avec votre interlocuteur. Placez-vous dans un état intérieur de positionnement d'êtres semblables et similaires, même si chacun a des points de vue qui lui sont personnels, des opinions et des idées qu'il peut choisir de défendre sans agressivité envers l'autre, des avis qui peuvent s'enrichir de ceux des autres. Un positionnement d'égal à égal, d'être à être, se basant plutôt sur une relation d'alliance que de conflit, même si les idées ne sont pas les mêmes, avec la ferme intention de rester dans une compréhension mutuelle.

5. Méditer sur le plaisir de partager

Dans cet état d'êtres semblables, amenez-y du plaisir. Le plaisir de partager, le plaisir de créer ensemble au niveau des idées, des projets, en imaginant déjà les résultats qui pourraient être obtenus, les buts qui pourraient être atteints, et en les appréciant, en imaginant le plaisir et la joie qui en découlent, une énergie si puissante qu'elle pourrait déplacer les montagnes ! Prenez un peu le temps de vivre ces impressions, de vivre cette ambiance intérieurement...

6. Totaliser l'expérience

Imaginez maintenant la personne avec qui vous voulez communiquer... Imaginez-la en face de vous... Imaginez qu'une boucle vous relie au niveau du cœur, une boucle en forme de huit dans laquelle circule une énergie bienveillante, une énergie d'amitié ou d'amour. Une fois cette connexion établie, laissez circuler dans cette boucle ce avec quoi vous vous êtes mis en harmonie : une écoute attentive, une communication claire, un positionnement d'êtres semblables et similaires, le plaisir et la joie de communiquer ensemble. Laissez-vous apprécier pendant un moment les sensations agréables et les sentiments positifs qui vous animent en cet instant. Si des inconforts étaient ressentis, laissez-les partir grâce à votre expiration.

Ramenez ensuite toute votre attention à votre « ici et maintenant ». Reprenez contact avec les points d'appui du corps sur le fauteuil et la plante des pieds sur le sol. Respirez profondément...

Encore une fois... Et lorsque vous vous sentez prêt, vous pouvez ouvrir les yeux.

Clef 4

Aimer librement

Aimer, s'aimer, être aimé, se laisser aimer… librement. Un grand défi dans la vie ! Aimer, c'est d'abord vous aimer vous-même. Aimer vos caractéristiques physiques, votre manière d'être et de réagir. Il est souvent plus facile de s'aimer dans ce que l'on trouve de beau et de bon en soi que de s'aimer dans ses travers et ce que l'on estime être des lacunes.

S'aimer

Vous aimer passe par le fait de reconnaître la valeur de votre propre existence, le fait que le monde, votre monde, serait différent si vous n'étiez pas là, et de reconnaître que votre présence dans ce monde fait vraiment une différence. Cette action vous invite à sortir de vos propres jugements sur vous-même, à faire taire toutes ces petites et grosses voix qui vous disent et vous répètent parfois que vous n'êtes pas bien, que vous êtes nul, moche, parfois même à vomir ! Tous ces jugements et ces a priori donnent et maintiennent une vision fausse et restreinte de votre véritable nature, celle qui sait être, celle qui sait exprimer des valeurs qui lui tiennent à cœur, qui sait exprimer des actes de beauté ou encore d'innocence, celle qui sait rire, qui sait pleurer de joie, qui sait dire les choses avec humour ou avec profondeur selon les circonstances. Vous aimer permet, après la reconnaissance et l'acceptation de ce que vous êtes, de vous mettre en mouvement intérieur. Cette mise en mouvement d'une énergie de vie devient le moteur de vos actions et de la réalisation de vos projets.

Être aimé

Vous aimer vous-même ne suffit pas. Il est aussi important que vous soyez aimé. Ce désir, conscient ou inconscient, induit souvent des attitudes et des comportements qui briguent l'amour de l'autre. Il n'y a rien de pire que le rejet ou l'indifférence, et parfois on choisit de mettre de côté ce que l'on est vraiment, de le réduire, de le taire ou de le restreindre pour ne pas perdre l'amour d'autrui. Il arrive aussi qu'on s'installe dans une espèce de surbrillance égotique, pour être vu, considéré et aimé par l'autre. Que ce soit dans l'un ou l'autre cas, ce que l'on obtient comme forme d'amour ne peut être que forcée ou éphémère. Dans le premier cas, celui où vous vous restreignez, l'autre ne pourra pas voir qui vous êtes en réalité, découvrir votre valeur, tout ce qui fait ce que vous êtes. Il risquerait donc de passer complètement à côté de vous, avec comme conséquence la réaction que vous vouliez éviter : le rejet ou l'indifférence. Dans le deuxième cas, celui où vous mettez votre ego en surbrillance, l'autre pourra sentir instinctivement que vous n'êtes pas ce que vous dites être, ou au contraire être excédé par les attitudes et les comportements que suscite un ego démesuré, avec comme effets possibles l'indifférence ou l'ignorance, voire l'agressivité et le rejet.

Se laisser aimer

Vous laisser aimer est un autre aspect de l'amour. C'est savoir accueillir l'amour de l'autre en vous, ne rien dire et ne rien faire pour le refuser. C'est accepter de lâcher prise pour un instant sur tout ce que vous voulez contrôler dans votre vie, accepter pour un instant que l'autre puisse aussi vous emmener sur son chemin personnel afin de le découvrir et de s'enrichir, accepter un instant d'entrer dans la mélodie de l'autre pour chanter et vibrer avec lui. Oui, l'amour de l'autre peut vous faire vibrer et vous procurer de merveilleux instants de bonheur. Vous laisser aimer… Combien de fois avez-vous refusé l'amour de l'autre, que celui-ci se manifeste par un compliment, un geste tendre ou un regard franc rempli de bonté, les yeux dans les yeux ? De quelle pudeur faites-vous preuve alors dans ces moments-là ? Vous laisser aimer est tout aussi important qu'aimer, et nécessite la création d'un espace d'accueil en vous. Au début de l'expérience, vous laisser aimer pourrait ne pas être si confortable que cela. Le corps va réagir, c'est sûr ! Le cœur accélérer, la respiration aussi. Vous pourriez avoir chaud, et même devenir tout rouge ! De là à l'apparition de plaques blanches tachetées de rouge au niveau de la gorge et du haut du thorax, il n'y a qu'un pas... Ne dit-on pas que l'amour réchauffe le cœur ? Est-ce si étonnant, alors, que votre cœur, bien au chaud dans votre corps, réagisse de manière spontanée à cette expression d'amour envers vous ? C'est ainsi que votre corps exprime ce qu'il aime, en vous disant aussi qu'il n'a pas l'habitude de recevoir. Une pratique régulière dans l'accueil de toutes formes d'amour apportées par l'autre devrait pallier ces petits inconvénients.

Aimer

Le tableau ne serait pas complet si nous n'y ajoutions pas le fait d'apprendre à aimer l'autre malgré ses différences. Il est beaucoup plus facile d'aimer quelqu'un dans ce qu'il a de semblable que dans ce qu'il a de différent. Les possibilités que vous vous serez offertes de vous aimer au-delà de l'ego vous faciliteront certainement la tâche, car vous pourrez alors faire rayonner cet amour, qui ne sera pas un amour validant des actes répréhensibles ou en désaccord avec ce que vous pensez, mais un amour de compassion, un amour de compréhension, un amour de bienveillance, sans vous oublier vous-même. Cette manière d'aimer permettra à l'autre de se sentir libre. Il existe tellement de variations dans la manifestation de l'amour, de la simple attention à l'expression d'un profond sentiment d'amour en passant par une amitié complice ou par une amitié amoureuse, pour arriver à un amour profond, aimant aussi bien dans la matière que dans l'esprit, dans le corps que dans l'âme, comme on dit... Tant de variantes en fonction des circonstances, des rencontres et des interrelations qui se créent dans ces rencontres.

Quelle que soit la forme prise par l'amour dans ses manifestations, il contient toujours certaines caractéristiques qui font dire que l'on aime ou que l'on est aimé, que nous soyons frère et sœur, homme et homme, femme et femme, homme et femme, parents, amis...

- L'amour n'attend rien de l'autre. Il s'exprime, se partage et se laisse être dans la présence de l'instant, du maintenant.
- L'amour est gratuit. Il ne se pose pas comme une monnaie d'échange pour obtenir quelque chose de particulier de l'autre, au risque de tourner au chantage.
- L'amour ne juge pas. Il considère l'autre dans ce qu'il a de semblable et laisse aussi l'espace à l'expression de ce qui est différent.
- L'amour n'envahit pas. Il est respectueux du cadre de référence de l'autre et ne veut pas obtenir à tout prix l'aval de l'autre.
- L'amour est patient. Il sait mettre de côté le temps, sachant qu'il est éternel. Il a toujours existé et il existera toujours, même si on veut le camoufler, le restreindre ou le faire taire.

- L'amour est attentif. Il sait prendre soin de l'autre. Il œuvre dans la délicatesse, que ce soit dans les actes, les paroles ou encore les pensées et les gestes.
- L'amour est créatif et créateur. Il ne détruit pas. Il permet de s'enrichir mutuellement, que ce soit pour un instant passé ensemble ou pour toute une vie.
- L'amour est puissant. Il peut sauver sa vie et celle d'autrui, par un regard ou par un sourire, par un geste ou une attention, par une attitude d'ouverture ou de compassion.
- L'amour est sincère. Il ne se cache pas derrière des faux-semblants ou des faux-fuyants. Il ne se fabrique pas. Il est, tout simplement !

Nous avons besoin d'amour pour vivre et pour avancer. L'amour est le constituant principal de notre estime de soi, et nous pouvons choisir (ou pas) de le développer et de l'exprimer davantage dans tous les actes de notre vie, dans toutes nos relations, dans tous nos projets. Cela demande du courage intérieur que de choisir de laisser partir tout ce qui fait que nous ne sommes pas vraiment et naturellement nous-mêmes, ce qui nous empêche d'exprimer le vrai amour que nous sommes, mais l'expérience montre que c'est possible. En choisissant de l'exprimer, nous devenons alors le héros de notre histoire, en quête de cette recherche personnelle sur le thème de l'amour.

Exercice pratique

Voici un exercice pour plonger dans cette énergie d'amour qui est toujours présente en vous, mais qui parfois, ou souvent, a été obscurcie par les blessures de la vie.

1. Se centrer dans sa présence

Bien installé, confortablement, les pieds posés bien à plat sur le sol, prenez une respiration profonde.

Essayez de sentir, de percevoir, d'imaginer ou de penser à votre présence, à la signification de ce mot pour vous, à ce que vous êtes et à ce que vous représentez dans ce monde, dans votre monde, à votre humanité, à ce qui fait que vous êtes un être unique, à ce qui fait que vous êtes « vous » !

Essayez maintenant de contacter en vous-même ce que nous appelons le « sentiment de compassion », le fait d'être passionné par quelque chose, par un projet, par vous. Essayez d'imaginer ce que pourraient être la ou les passions de votre vie, de votre existence...

Restez ainsi un moment à apprécier cet état intérieur.

2. Méditer sur l'énergie du cœur

Maintenant, pensez à votre cœur dans votre thorax : sa forme, sa dimension, sa position, ses battements...

Ressentez cet organe si important pour la vie, porteur de la vie elle-même, qui impulse une dynamique à tout votre être, à vos cellules, à vos tissus, grâce à son rythme tout à fait personnel. Percevez ce cœur, qui contient également une force au plus profond de lui, la force qu'il a fallu déployer pour instaurer le premier mouvement dans un ensemble de cellules inertes au départ, la force impulsant les premiers battements, le premier rythme de la vie. Imaginez ce cœur, qui symbolise aussi l'amour, un sentiment, une énergie d'une telle puissance telle que, dit-on, elle peut déplacer des montagnes…

Choisissez aujourd'hui de recontacter cette force parce qu'elle est toujours présente en vous, à l'intérieur même du noyau de vos cellules…

3. Méditer sur l'énergie d'amour

Imaginez maintenant que vous êtes installé au centre de votre cœur. Laissez votre imagination vous emporter doucement dans cet espace intérieur, en toute sécurité. Cet espace est le vôtre, en dehors de l'agitation extérieure de vos sens et de vos ressentis, un espace que vous avez en vous, porteur de paix, et de joie, et que vous pouvez découvrir librement, à votre gré.

Maintenant que vous êtes installé dans cet espace du cœur, vous allez vous laisser vivre votre propre expérience. Essayez de vous mettre en résonance avec cet endroit, à tel point que vous pourriez y ressentir la pulsation qui vibre ici, une pulsation de vie, rythmée régulièrement, qui vous réconforte et vous apaise. Laissez-vous vibrer pendant quelques instants au rythme de cette pulsation. C'est votre pulsation personnelle, profonde, véritable, de l'aspect de la vie qui est la vôtre, une pulsation qui fait du bien, en relation avec la vie, avec l'amour, avec la joie. Appréciez tous les bienfaits que cette pulsation de vie vous procure. Goûtez-y pleinement. Contactez aussi les sentiments agréables et positifs qui se trouvent en vous maintenant : de la joie, de la tranquillité, de la sécurité, de l'apaisement, ou tout simplement un état d'amour doux, léger et agréable...

Vous vivez votre propre expérience... C'est un peu comme si vous reveniez à la source de vous-même, baignant dans un amour d'une grande profondeur, où la notion de danger n'existe pas, où la notion de temps n'existe pas, où seule existe la présence à soi, à ce que vous êtes dans votre quiétude, à ce que vous êtes dans votre resplendissement et votre beauté... un battement de cœur et d'amour, une pulsion de vie joyeuse qui ne demande qu'à se réaliser, un rayon de joie et de clarté...

Restez au moins 5 minutes à apprécier et à vivre ce moment, rien que pour vous-même !

4. Revenir ici et maintenant

Tout en conservant dans votre mémoire et dans votre corps les agréables sensations et ressentis qui viennent d'être vécus, prenez quelques respirations profondes en gonflant bien l'abdomen jusqu'en haut des épaules. Ressentez la présence de votre tête et de votre visage, de votre cou et de votre thorax, de votre abdomen, de votre bassin et de vos jambes. Vous pouvez même sentir la présence de vos pieds et de la plante de ceux-ci ! Respirez profondément, puis étirez-vous de tout votre corps plusieurs fois à la suite, comme le ferait un chat qui se réveille.

Appréciez toutes les bonnes sensations présentes, les sentiments puissants de bien-être qui sont là, pour en profiter pleinement… Appréciez le bonheur d'être plein de vie, de joie et d'amour, et nourrissez-vous de cela, faites-en profiter encore chaque muscle, chaque cellule de votre être, pour le reste de la journée ou pour la nuit.

Clef 5

Vivre son autonomie

Vivre son autonomie, c'est apprendre à vivre son indépendance tout en favorisant l'interdépendance, une relation faite d'équitabilité et de justesse, bien différente de la dépendance à autrui.

À la naissance, un enfant n'est pas autonome. Il ne peut pas subvenir seul à ses propres besoins. Le père et la mère sont présents pour pourvoir à tous ses besoins à sa place, et pour l'aider à pallier ses manques. L'apprentissage de la liberté dans la matière – boire, manger, dormir, se sentir en sécurité... – se relie à l'apprentissage de la liberté de l'esprit, pour construire l'individualité, s'épanouir dans la satisfaction de ses besoins, se motiver à la vie, en passant par l'apprentissage de la liberté émotionnelle, à savoir exprimer ses colères, ses peurs ou ses inconforts, satisfaire ses désirs, apprécier les moments de joie et de bonheur, laisser libre court à l'expression de sa sensibilité.

L'autonomie est un apprentissage qui comporte plusieurs aspects, ceux-ci n'évoluant pas tous en même temps. Il n'est en effet pas rare de voir des personnes avoir atteint leur maturité physique sans pour autant avoir atteint leur maturité affective, psychique ou existentielle. L'autonomie s'acquiert par l'expérience, mais aussi par l'amour avec et par lequel on est nourri. Nous ne parlons pas de l'amour qui rend dépendant, mais de celui qui assiste et qui soutient, de celui qui permet de développer sa force intérieure, sa puissance personnelle, en bonne adéquation avec celle d'autrui. Pour être autonome, il s'agit d'être conscient de son individualité, de cette présence unique que l'on est, et qui ne peut se construire que par une connaissance et une reconnaissance de cette force et de cette puissance qui se trouvent au cœur de soi.

Lorsque vous venez au monde, vous êtes porteur de cette force de conscience qui représente, en quelque sorte, votre étincelle personnelle. Elle est plantée en vous comme une graine est plantée dans un sol fertile. Tout l'art de son expression tient aussi bien au jardinier qui s'en occupe, qui l'arrose, qui lui permet de pousser et de grandir, qu'à la graine en elle-même et à sa nature intrinsèque.

Dans notre nature humaine, les jardiniers sont nos parents. Notre mère est là pour nous alimenter de son amour de maman, pour nous nourrir de sa confiance, de son attention, de sa tendresse, de sa douceur, mais aussi pour nous laisser l'espace suffisant pour nous développer, ni trop ni trop peu. Notre père est là pour nous alimenter de son amour de papa, pour nous guider et nous aider à nous structurer, à construire des modalités de fonctionnement pacifique, sans nous enfermer dans un cadre trop rigide. Les deux contribuent à construire et à fortifier notre sentiment de sécurité intérieure, prenant soin de nous jusqu'à ce que nous ayons atteint l'âge adulte, jusqu'à ce que nous ayons atteint une forme de maturité. Mais nous, enfants et graines d'être humain, nous avons aussi notre propre personnalité, notre propre savoir, nos propres connaissances, qui ont à se servir de ce que les parents offrent pour pouvoir émerger et prendre forme dans la matière avec facilité. Nous avons également d'autres guides et d'autres cadres de référence qui vont nous aider à nous construire : la famille, l'école, la ville dans laquelle nous vivons.

Tous ces accompagnateurs, normalement, ne devraient rester que des guides et des « cadres » offrant la possibilité de s'agrandir, sans enfermer à l'intérieur de principes édictés par leurs propres références, mais cela n'est pas toujours évident ! Car les parents ne sont pas toujours ceux qu'on aurait voulu avoir, ne sont pas toujours tels qu'on aurait pu les imaginer. La famille n'offre pas toujours le support et le soutien que l'on attendrait d'elle. L'éducation scolaire n'est pas toujours aussi ouverte et attentive qu'on le souhaiterait. La société n'est pas toujours aussi paisible et bienveillante qu'on l'espérerait.

Un mûrissement

Tout au long de ce parcours d'évolution et de maturation, l'autonomie individuelle peut se perdre de nombreuses fois dans les méandres de la dépendance à l'autre. Parfois, elle se vit dans un extrême opposé, celle d'une hyper-autonomie que l'on nomme volontiers « individualisme ». L'individualisme ne pourra jamais être le support d'une véritable autonomie, car il oublie l'existence de l'autre, sans lequel rien ne peut vraiment se construire. L'autre représente un miroir de ce que nous sommes, et peut ainsi nous permettre de contacter des parties de nous-mêmes que nous ignorons pour les apprivoiser et/ou les développer. L'opposé de l'individualisme, l'oubli de soi, ne peut pas, là encore, générer une véritable autonomie, car il ne fait que mettre entre parenthèses ce que l'on est au profit de l'autre, pour avoir l'impression d'être et d'exister. Il produit, de ce fait, une forme de dépendance à l'autre, sa propre existence ne s'exprimant alors que par l'intermédiaire de la présence des autres dans sa vie. Entre les deux, il y a l'individualité dont nous avons déjà parlé. Celle-ci représente les fondements d'une autonomie sécuritaire et bienveillante. Parce que vous avez conscience de votre importance, qui n'est ni exacerbée par rapport à autrui ni restreinte, vous êtes capable de prendre conscience de vos véritables besoins physiques, émotionnels et psychiques, d'y subvenir et d'y pourvoir par vous-même. Vous augmentez votre capacité à être attentif à l'autre, parce que vous savez que cet autre existe et qu'il est important au même titre que vous l'êtes, et qu'il peut lui aussi contribuer à la satisfaction de vos besoins… si vous l'y invitez. Une individualité bien construite devient ainsi une base solide d'une autonomie saine.

Vivre votre autonomie intérieure présuppose que vous soyez en paix avec votre histoire. Combien de liens, combien de dépendances, combien de souffrances sont encore reliés au passé, à l'histoire ? Quand ce ne sont pas les événements vécus de la vie qui rattachent à ce passé, ce sont les événements vécus dans l'histoire des parents, des grands-parents, de la lignée génétique et héréditaire, comme des sortes de scénarios qui se répètent inlassablement dans l'expérience. C'est comme si ce passé retenait encore aujourd'hui l'attention d'une certaine manière, retenait une part de vos forces et de votre énergie, vous restreignant dans la réalisation de vos projets ou de vos réalisations personnelles, un passé qui est encore tellement présent dans la mémoire cellulaire qu'il maintient finalement aujourd'hui une forme de fragilité intérieure, vous limitant dans l'expression de qui vous êtes ou vous faisant croire que vos propres ressources et vos propres capacités sont limitées. Les événements, les attitudes, les paroles qui auraient pu contribuer dans votre histoire à construire votre soutien personnel, base de l'autonomie, n'ont pas été suffisamment positifs dans leur essence ou enregistrés comme tels dans votre champ de conscience pour activer la confiance et l'estime de soi nécessaires à ce soutien. Impossible alors d'en déduire que tout est en soi pour se reconnaître et s'aimer tel que l'on est, et par voie de conséquence concevoir une définition saine de l'autonomie et de l'indépendance intérieure tout en l'assumant dans sa vie. Aujourd'hui, en tant qu'adulte, c'est souvent au prix de nombreux efforts pour comprendre ce passé, pour s'apaiser émotionnellement et réussir à se détacher des blessures, que le passé n'est plus comme une ancre qui retient mais comme une force d'appui pour faire face à l'expérience présente et construire un merveilleux devenir.

Exercice pratique

Afin de faire davantage la paix avec son histoire tout en se servant de tout ce qu'il y a eu de positif en son sein, et gagner ainsi en autonomie, je vous propose l'exercice suivant…

Prenez une feuille de papier et de quoi écrire, puis asseyez-vous confortablement, sur une chaise ou un fauteuil, selon votre choix.

1. Se centrer

Prenez quelques instants pour vous centrer en vous-même en vous concentrant sur votre respiration. Essayez de suivre le flux de l'air qui entre et qui sort, et si des pensées parasites arrivent, ne vous accrochez pas à elles. Une pensée est comme le wagon d'un train : si vous entrez dedans, le train vous emmène alors visiter toute la contrée de la pensée ! Essayez par conséquent de les laisser passer et ramenez toujours votre attention et votre concentration sur votre respiration, sur le flux, le mouvement de l'air qui entre et qui sort du nez en passant, à l'inspiration, par l'arrière de la gorge et la trachée, jusqu'aux bronches, à l'intérieur des poumons, puis en empruntant le chemin en sens inverse à l'expiration : poumons, bronches, trachée, arrière de la gorge, nez... Essayez de rester bien concentré sur ce flux de la respiration pendant quelques instants, jusqu'à ce que vous vous sentiez plus calme et plus présent en vous-même.

2. Méditer sur l'histoire

Prenez maintenant un moment pour penser à votre histoire, à tout ce qu'il y a eu de bon et de moins bon dans cette histoire, à tout ce qui fait que vous êtes là encore aujourd'hui, et toujours debout ! Toutes ces expériences, tous ces événements qui, même si parfois ils ont été difficiles et douloureux, vous ont finalement fait gagner en force, en confiance, en assurance... Tous ces défis et ces challenges que vous avez réussi à dépasser !

Peut-être certains se diront-ils qu'il n'y a pas de bons événements dans l'histoire. À ceux-là, je dirais que, si c'était vrai, ils ne seraient pas là à lire ce livre aujourd'hui ! Peut-être que d'autres ne verront pas les expériences réussies mais resteront focalisés sur les expériences considérées comme des échecs. À ceux-ci, je dirais de prendre quelques bonnes respirations, de profondes respirations, tout en se mettant dans l'intention de laisser partir toutes ces charges avec l'expiration, de laisser partir toutes les tensions, les inconforts, en imaginant qu'ils s'envolent dans l'air grâce au vent qui souffle et les emporte au loin, qu'ils flottent sur un courant d'eau léger et s'éloignent progressivement ou qu'ils profitent d'un grand feu qui, en pétillant, les brûle et les transforme en fumée.

Maintenant, en revenant à votre histoire, à ce qu'elle a pu vous apporter de positif qui contribue à votre vie aujourd'hui, vous allez commencer une liste, la liste de vos capacités, de vos valeurs, de vos talents déjà dévoilés ou en passe de le devenir. Prenez quelques instants, en restant toujours centré en vous-même…

– pour réfléchir aux capacités que vous avez développées tout au long de votre vie et que vous savez être présentes en vous et dans vos actions d'aujourd'hui…
– pour contacter les valeurs qui sont importantes pour vous et que vous avez envie de porter et de faire rayonner dans votre monde…
– pour observer les talents qui se manifestent déjà dans votre existence et ceux qui ne demanderaient qu'à se développer…

Prenez ensuite un moment pour écrire tout cela sur votre feuille. Démarrez votre liste, première étape dans l'émergence de ce qui peut soutenir votre autonomie intérieure et, ainsi, vous aider à être davantage dans votre prise en main personnelle. Essayez de noter au minimum cinq caractéristiques, la liste pouvant, bien évidemment, être complétée au fil des jours et de votre inspiration.

Plus vous prenez conscience de la valeur que vous êtes, plus vous vous éveillez à cette valeur, plus vous brillez de cette valeur et plus vous adoptez votre véritable nature d'être humain !

3. Totaliser l'expérience, savourer, apprécier !

Maintenant, fermez les yeux, centrez-vous et prenez le temps de vous concentrer sur tout ce que contient votre liste. Inspirez-le, goûtez-y, sans retenue, sans restriction. Dites-vous que vous êtes aussi cela, que tout ça fait déjà partie de vous. Émettez l'intention de le fortifier, de le renforcer, d'en profiter encore davantage...

Clef 6

Se relier à plus que soi

Faire croître la conscience de soi commence souvent par la conscience de l'intériorité, le fait de plonger au cœur de ce que l'on est. Apprendre ce que veut dire « être centré » dans le maintenant et comment y arriver, apprendre à découvrir toute la vie qui existe en soi et en son espace et faire ami-ami avec tous les mouvements qui peuvent résulter des différentes situations de vie rencontrées, apprendre à vivre des états de calme, de paix ou de sérénité intérieure, tout cela permet de mieux se connaître, de mieux se comprendre, ayant pour effet un mieux-vivre dans son monde en tant qu'être unique et précieux.

Il n'est pas possible, sur ce cheminement, de faire l'impasse de la conscience de l'extériorité. Apprendre à prendre votre place pour participer au grand tableau de l'ensemble sans inhiber ou exacerber ce que vous êtes, apprendre à exprimer vos valeurs personnelles dans tous vos projets, apprendre à être dans des relations véritables avec les autres, apprendre à vous relier à quelque chose de beaucoup plus grand que vous… pour réussir à agrandir votre espace d'existence intérieure ainsi que vos possibilités de réalisation personnelle, dans le concret de la vie. Cette extériorité est ce qui va vous permettre, en quelque sorte, de sortir de votre petitesse, au sens non péjoratif du terme, et d'élargir la vision de votre condition humaine à beaucoup plus qu'un élément sur une terre, à beaucoup plus que ce que vous êtes en tant que sujet, pour réussir à relier et à transcender ce sens du « un » vers un sens du « tout ». Le fait de savoir, de reconnaître et d'accepter l'idée que vous faites partie d'un tout composé d'un ensemble d'éléments, et en même temps découvrir, reconnaître et accepter que vous êtes important et utile dans ce tout, ne peut qu'alimenter positivement votre état de conscience d'être humain.

Pourtant, la notion de cette importance est souvent mise en défaut dans l'histoire de chacun, de l'enfant qu'on était à l'adulte qu'on est devenu, ayant pu être soit surdéveloppée, soit le plus souvent sous-développée. Des phrases telles que « Personne n'est irremplaçable dans la vie » ou encore « Les cimetières sont remplis de gens qui se croyaient indispensables » ont pu laisser penser ou supposer que son existence n'avait pas autant d'importance que ce qu'on ressentait au plus profond de soi, et que la participation à un groupe, que ce soit sa famille ou la société, n'était pas aussi primordiale et nécessaire que ça... au point d'arriver à se minimiser et à se restreindre dans l'expression de sa réelle identité. Pourtant, être vraiment capable d'élargir sa philosophie personnelle à un ensemble plus grand que soi passe nécessairement par l'acceptation de l'idée que sa présence fait une différence dans le panorama général, aussi petit soit-on au regard de l'immensité des astres et des étoiles.

Cette acceptation de soi est ce qui permet de prendre sa place avec justesse au sein de ce « plus grand », quel qu'il soit, pour contribuer, œuvrer et agir en son nom et en son identité, quelle qu'elle soit. Se relier et prendre sa place peut se faire au sein de maintes structures différentes, dans des groupes très proches de soi, comme celui de la famille ou de la ville de résidence, ou dans des groupes plus larges, comme celui de la société. On peut aussi se relier et prendre sa place au sein de ce que nous nommons l'humanité, pour contribuer à sa manière à l'évolution de celle-ci. On peut également se considérer dans son aspect universel, en relation avec la place qu'on occupe sur cette terre, une planète au milieu de cet univers, la Voie lactée, et de cet univers au milieu de multiples autres univers. Ainsi, à partir de la « petitesse » de l'individualité, on peut choisir de grandir vers la lueur de son universalité, ce qui permet, par voie de conséquence, d'élargir ses cadres de référence, ses points de vue, ses réflexions et toutes ses possibilités existentielles.

Ouvrir son cœur aux étoiles

Rappelez-vous quelles impressions vous pouvez vivre lorsque vous observez un ciel étoilé lors d'une nuit sans nuage, l'effet que cela vous procure lorsque vous reposez mentalement et physiquement dans les bras de la Voie lactée, ces sensations ou ressentis d'être tout petit au regard de cette immensité et, en même temps, cette impression de grandeur et d'infinitude qui peut en résulter. Regardez aussi comment votre esprit s'ouvre et s'élargit naturellement à d'infinies possibilités, permettant à d'innombrables pensées apparemment lointaines d'apparaître dans cette conscience profonde en vous. Et alors que vous êtes simplement en train de scruter cette voûte sans horizon, parsemée de lumières scintillantes qui, pour certaines, attirent votre attention plus que d'autres, remarquez comment votre état intérieur se remplit de sentiments de paix profonde, de sérénité ou encore d'humilité. Ce « plus grand » vous fait vivre un moment sorti du contexte du temps où tout va si vite aujourd'hui, vous fait sortir du contexte de la linéarité où tout se suit dans un ordre chronologique, pour passer dans un espace de conscience où tout se vit et s'apprécie dans l'instant du présent, du maintenant. Le temps n'a plus vraiment d'importance, dans cet état d'être simplement posé là, vous reliant à cet ensemble immense, formé d'étoiles, de planètes et d'univers… ce qui finalement est très reposant et très ressourçant pour la petite flamme de cet être qui a envie de briller au sein de son propre univers !

Exercice pratique

Voici un exercice fondé sur la visualisation. Cette dernière associe l'image et le ressenti, a contrario de l'imagerie mentale seule. Cet exercice est fait pour vous aider à élargir votre champ de conscience. Cette possibilité de vivre un espace plus grand grâce à la souplesse de la conscience existe en chacun de nous. Le corps est limité, mais l'esprit ne l'est pas. Nous pouvons donc apprendre à déployer cette conscience pour contacter ce « grand » dans lequel nous naviguons en tant qu'être humain.

1. Se centrer

Installez-vous confortablement, sur une chaise ou dans un fauteuil, et prenez quelques respirations profondes, en gonflant bien l'abdomen à l'inspiration, en chassant bien l'air à l'expiration.

Les yeux fermés, prenez conscience des points d'appui du corps sur le siège, au niveau du dos, des fessiers, des cuisses, de la plante des pieds. Prenez conscience de l'enveloppe de votre corps et essayez d'en dessiner les contours en partant de la tête, en descendant tout le long du corps à droite, en passant par la plante des pieds, en remontant tout le long du côté gauche, pour terminer au sommet du crâne. Prenez conscience que cette enveloppe représente votre contenant, ce qui vous apporte protection, assise et stabilité…

Laissez maintenant votre corps se détendre de manière naturelle, un peu plus profondément. Essayez d'observer les sensations, les impressions que cela vous procure. Observez aussi l'ambiance intérieure que cela crée. Si par hasard il y avait des inconforts, pensez à utiliser votre souffle pour les chasser à l'extérieur de vous, en expirant fortement par la bouche.

2. Déployer sa perception

Élargissez maintenant votre champ de conscience en essayant de vous percevoir, vous, dans la pièce où vous êtes. Vous êtes là, assis sur votre chaise ou dans votre fauteuil et vous savez que vous êtes à l'intérieur d'une pièce. Cette pièce est comme une enveloppe qui vous apporte aussi protection et sécurité. Vous pourriez même voir, à partir de votre vision intérieure, les meubles présents dans cette pièce, leur texture, leur couleur, leur disposition, ou encore les imaginer… Voyez la pièce comme un autre contenant, un peu plus large que votre propre contenant, représenté par votre corps. Essayez de vous laisser vivre les agréables sensations et ressentis présents, alors que vous êtes assis sur votre chaise, tout en étant conscient de la présence de la pièce autour de vous. Respirez profondément.

Maintenant, essayez à nouveau d'élargir votre champ de conscience jusqu'à percevoir l'extérieur de votre maison, les autres maisons qui vous environnent, l'ensemble du quartier dans lequel vous habitez. Imaginez que vous vous promenez à l'intérieur de cette enveloppe du quartier. Observez tout ce qui s'y trouve et appréciez, là encore, ce moment de promenade, alors que vous vous sentez paisible, ou joyeux, en toute sécurité.

3. Revenir à soi

Ramenez maintenant votre attention dans la pièce où vous êtes. Voyez-vous sur votre chaise ou dans votre fauteuil, puis recentrez votre attention sur vous-même. Allez chercher les sensations du contact du corps sur le siège, les points d'appui du corps, dos, fessiers, plante des pieds… Essayez de percevoir la position dans laquelle vous êtes placé, de percevoir le poids de votre corps, ce corps qui est maintenu sur le sol grâce à l'attraction terrestre, et prenez un petit instant pour sentir et ressentir tout ce qui est agréable en vous maintenant : une sensation de confort, de bien-être, ou le simple fait de constater votre détente, votre calme intérieur. Appréciez pendant quelques instants… Prenez le temps !

4. Aller plus loin

Lorsque vous êtes dans la partie « déployer sa perception » aux différentes enveloppes, aux différents contenants (pièce, quartier…), vous pouvez continuer de faire cet exercice en élargissant encore votre conscience dans des enveloppes de plus en plus éloignées de vous. Après le quartier, envisagez la ville, puis l'enveloppe du pays, celle de l'atmosphère qui entoure la terre, celle de la galaxie qui entoure les planètes et les étoiles que nous connaissons, celle de tout l'univers.

Selon le même principe de retour que précédemment, vous allez revenir à l'endroit où vous êtes dans la pièce, en prenant le chemin en sens inverse : univers, galaxie, terre, atmosphère, pays, ville, quartier, pièce, chaise… Reprenez contact avec les points d'appui du corps sur le siège, le poids du corps, le positionnement du corps. Pensez à rester un moment pour vous laisser vivre toutes les bonnes et agréables sensations qu'a procurées cette expérience. C'est une manière de faire pour développer la conscience de vos ressentis et de vos sensations intérieures. C'est une manière de contacter cette réalité de faire partie d'un ensemble beaucoup plus vaste que votre propre individualité, à partir d'une expérience non intellectualisée, en utilisant la capacité de souplesse de votre champ de conscience, que nous pouvons tous développer… si nous en avons envie !

Clef 7

Oser la transcendance

Certains disent aujourd'hui que notre monde vit un mal énorme, qu'ils qualifient même de « mal du siècle », celui de la perte des valeurs fondamentales, essentielles et transcendantales, nécessaires pour une expression saine de notre humanité

Ces valeurs que l'on met de côté, que l'on n'ose pas exprimer dans sa vie, dans ses relations personnelles ou professionnelles, volontairement ou non, expliquent à leurs yeux le stress existentiel profond et énorme de l'être qui se vit actuellement dans nos cultures. La première valeur que l'être humain semble avoir perdu, à ses propres yeux et aux yeux des autres, est la valeur du sacré. En effet, ce qui est considéré comme sacré ne peut être ni tué, ni malmené, ni déprécié. Ce qui est considéré comme sacré, au contraire, ne peut être que chéri, au sens d'être aimé sans condition, ne peut être qu'abordé avec précaution et attention, ne peut être aussi que reconnu dans son aspect véritable, sans être ni adoré ni vénéré au sens restrictif et limitant du terme.

L'être humain est sacré grâce à la valeur du corps !

L'être humain est sacré ne serait-ce que par sa valeur biologique, la précision de son fonctionnement biologique propre. Il est précieux comme on pourrait le dire d'une mécanique d'horlogerie détaillée et fine, au résultat parfait, qu'il a fallu plusieurs années pour produire. Combien de milliards d'années a-t-il fallu pour que s'élabore la structure biologique de l'être humain que vous êtes aujourd'hui, pour qu'elle en arrive à cette précision de fonctionnement et à cette sophistication ? Votre corps est le fruit d'une construction qui a pris des siècles pour s'améliorer et s'adapter à son environnement. Ce corps et la conscience qui va avec ont évolué vers une plus grande possibilité d'être conscient de sa propre existence, de sa capacité à penser, à dire et à agir. Ce corps est porteur d'une connaissance, de la mémoire des ancêtres, de notre histoire en tant qu'humanité. Ce corps, vous pouvez le considérer comme votre valeur première parce qu'il est le support de votre esprit et de votre existence. Ce corps est sacré et mérite ainsi toute votre attention, afin d'en prendre soin, de le réparer lorsqu'il en a besoin et de le maintenir au mieux de sa forme tout au long de sa vie.

L'esprit qui habite ce corps est aussi sacré !

Au-delà du corps, l'esprit constitue fondamentalement ce que vous êtes aujourd'hui en tant qu'être.

Un esprit qui, initialement, est libre de toute entrave, mais qui a peut-être oublié ce fait et qui peut se laisser aliéner par des conditions en tout genre. Cette liberté, cette valeur de la liberté intérieure, a certainement envie de se frayer un chemin afin de pouvoir aussi s'exprimer à l'extérieur de soi, dans les actes quotidiens de la vie, dans les rapports avec autrui, dans la réalisation de projets personnels ou professionnels. Cette liberté est l'essence même qui fait de vous ce que vous êtes, et sans laquelle vous ne pourriez pas vraiment être. La liberté de votre pensée, de vos croyances, la liberté de vos désirs, la liberté de votre originalité, la liberté de votre expression... Jusqu'à quel niveau vous permettez-vous d'exprimer cette liberté ou la faites-vous taire, vous retenez-vous ou ne vous autorisez-vous pas à laisser exprimer librement votre amour, vos opinions, vos souhaits ou vos besoins les plus profonds ? La valeur de la liberté est probablement une valeur à découvrir, à reconquérir, pour que notre monde évolue vers une expression plus sensée et plus humaine de lui-même.

L'être humain est sacré et précieux !

Au-delà du corps et de l'esprit, au cœur de vous-même, se trouve l'âme, l'anima, l'essence de votre être, ce sur quoi finalement tout repose, comme une étincelle de conscience qui porte en elle le sens de votre vie, la motivation de votre existence, au-delà de votre esprit qui structure ce sens et cette motivation, et de votre corps qui est présent pour la mettre en action. Ne dit-on pas de l'âme d'un violon que c'est ce qui fait vibrer les cordes ? L'âme de soi est comme l'étincelle de vie première, transcendant la réalité du corps et de l'esprit. Elle porte en elle la force d'amour qui a contribué à votre naissance, mais aussi la force de clarté qui peut vous mener dans toutes vos actions et tous vos projets. Nous pourrions relier cette essence de l'être aux valeurs de la divinité en soi et de l'éternité en soi, bien différentes de la notion de déité. La déité fait appel à une représentation du sacré extérieure à soi, sous forme d'idole, d'entité ou de personnage, dans laquelle on choisit de croire (ou pas) et pour laquelle on prie une intervention bénéfique dans des aspects spécifiques de sa vie. La valeur de la divinité en soi représente cette partie sacrée de soi, source de son histoire et de son expérience en tant qu'esprit, corps, conscience et âme, transcendantale, dépassant la notion de temps et d'espace, présente dans un éternel maintenant, sans commencement ni fin, « étant » tout simplement. Cette valeur que vous pouvez contacter lors de la méditation ou de la contemplation, peut vous ressourcer, vous faire du bien, mais aussi vous éclairer sur votre propre chemin, votre propre parcours. Cette partie de vous-même sait naturellement ce qui est bon pour vous et ne vous fera jamais défaut puisqu'elle est toujours là. Bien sûr, la contacter facilement nécessite l'apprentissage d'un esprit clair et d'un corps dépourvu de tensions qui, si elles sont présentes, peuvent encombrer et brouiller la perception.

Grandeur et éternité, une partie de soi

En reliant la grandeur de l'être, en tant que corps et esprit réunis, à celle de l'âme, vous pouvez vous élever dans votre quotidien, que ce soit dans vos attitudes ou dans vos actes, dans la compréhension de votre identité ou de son expression, dans vos actions, des plus petites aux plus grandes, des plus simples aux plus complexes. Cette grandeur d'âme vous permet de vous reconnaître comme étant davantage que de la simple matière en action, comme étant porteur d'idéaux, de capacités et de compétences uniques, dont certaines s'expriment déjà dans votre existence et d'autres non, parce que voilées encore dans votre champ de conscience. Elle permet de reconnaître que vous méritez de vivre le meilleur. Elle permet de reconnaître que vous êtes porteur d'une somme de connaissances et de compréhensions issues de l'expérience de votre vie, de votre éducation, mais aussi d'une somme de connaissances et de compréhensions qui va au-delà de ce que vous êtes ici. Elle se manifeste sous forme d'idées lumineuses, de génie ou d'intuitions spontanées, comme si vous étiez toujours en relation avec une forme de sagesse qui existe depuis l'aube des temps et que vous puissiez avoir accès à elle pour vous inspirer et vous guider dans la vie. Cette âme est comme un pont qui peut vous aider à vous relier à une valeur d'éternité au-delà du temps et de l'espace d'ici, quelles que soient vos croyances et vos idées sur le sujet, c'est-à-dire que vous croyiez que, lorsque nous mourrons, notre conscience, notre âme meurt aussi, ou que vous croyiez que notre âme continue son expérience d'existence au-delà du corps physique... Cette transcendance peut nous permettre de mieux vivre l'instant présent, ici et maintenant, dans ce corps et sur cette terre, dans toute sa beauté et toutes ses richesses. Dans ce concept d'éternel présent, en imaginant que votre corps physique contient en lui-même toute l'information venant de votre phylogenèse – l'histoire de notre humanité –, mais aussi de votre ontogenèse – du début de votre existence en tant qu'individu unique –, vous pouvez commencer à concevoir et à considérer l'idée que vous êtes aussi porteur de cette sagesse éternelle, qui a existé avant vous et qui existera encore après vous, quelle que soit la forme qu'elle prendra.

Les valeurs de grandeur et d'éternité méritent d'être acceptées comme faisant partie de soi car nous y avons droit ! L'acceptation nécessite de s'aimer profondément, sincèrement, aussi bien dans ses qualités que dans ce que l'on considère comme ses imperfections. Il faut accepter l'idée d'avoir une force en soi qui peut grandir, une force de vie qui peut se déployer, l'accepter non seulement intellectuellement, philosophiquement, mais aussi dans toutes ses cellules, avec tout son être, pour que chaque muscle, chaque tissu, chaque organe, chaque cellule du corps puisse vivre cette grandeur et ce sentiment d'éternité, le corps étant le véhicule par lequel les valeurs peuvent exister dans les actes au quotidien. Elles se manifesteront alors par l'intermédiaire des attitudes, des mimiques, des réactions spontanées. Elles interviendront naturellement aussi dans les réflexions, dans la conséquence des analyses, dans l'orientation des projets. Ce qui est pensé se mettra ainsi davantage en cohérence avec ce qui est verbalisé, ce qui est souhaité et ce qui est réalisé, procurant une authenticité et une liberté plus grande en soi.

Exercice pratique

Oser la transcendance par l'intermédiaire des valeurs structure et permet de maintenir le cap de sa vie. Elles sont ce à quoi vous pouvez vous raccrocher lorsque vous êtes dans le doute, dans l'incertitude, dans l'expectative ou dans le conflit. Elles sont vos verrous de sauvegarde pour ne pas vivre n'importe quoi au niveau de votre être, pour ne pas expérimenter des situations que vous pourriez ensuite regretter ou pour vous aider à retrouver votre chemin lorsque vous avez l'impression d'être perdu dans votre existence

Préparez un exemplaire du schéma ci-dessous et de quoi écrire.

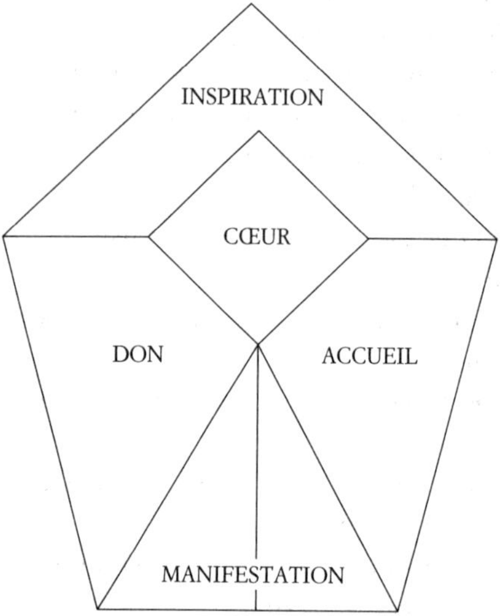

1. Se centrer

Installez-vous dans une posture de détente et respirez profondément. Essayez de lâcher prise de vos pensées, de vos idées, de ce qui se passe autour de vous, en portant toute votre attention, toute votre concentration sur votre respiration. Essayez de suivre pendant quelques instants le flux de l'air qui entre et qui sort... Essayez maintenant de contacter votre ambiance intérieure et détendez-vous.

2. Créer son blason personnel de valeurs

• Dans la présence à ce que vous êtes, posez-vous la question suivante plusieurs fois de suite :

« Quelle est la valeur qui se trouve au cœur de mon être, la valeur la plus importante pour moi aujourd'hui, celle qui me soutient le plus et sans laquelle je ne me sentirais pas respecté, qui représente un élément fondamental de ce que je suis ? »

En vous laissant accueillir toute réponse qui vous parvient par l'intermédiaire de votre esprit, laissez faire le processus.

« Quelle est la valeur qui se trouve au cœur de mon être ? »

Ne censurez rien. Conservez la première idée qui vient.

« Quelle est la valeur qui se trouve au cœur de mon être ? »

Si une ou plusieurs valeurs apparaissent dans votre champ de conscience, acceptez-les totalement – c'est du bonus !– puis inscrivez la ou les valeurs émises au cœur du blason.

• Nous allons maintenant passer à la partie haute du blason pour contacter la valeur qui vous inspire et vous élève, qui peut faire de vous un être extraordinaire parmi d'autres êtres extraordinaires. Toujours dans cet état de détente et de concentration à vous-même, posez-vous la question suivante plusieurs fois de suite : « Quelle est la valeur qui contribue à mon inspiration aujourd'hui ? Celle qui impulse mon mouvement de vie premier… »

Ou, sous une autre forme, « Quelle est la valeur qui soutient mon inspiration ? Celle qui donne un sens à ma vie et à mon existence ? », ou encore, « Quelle est la valeur qui participe à mon inspiration ? »

Là encore, accueillez tout ce qui se présente à la conscience, puis notez-le dans la partie haute du blason.

• Nous allons maintenant nous occuper de la partie droite au milieu du blason.

Respirez profondément. Restez bien détendu, l'esprit calme et tranquille. Faites-vous confiance ! C'est comme une communication entre ce que vous êtes consciemment et la partie inconsciente de vous-même, qui vous procure tous les éléments dont vous avez besoin pour exister pleinement.

« Quelles sont les valeurs qui soutiennent ma participation dans mon monde lorsque je donne et je reçois ? »

« Quelles sont les valeurs qui soutiennent ma participation dans mon monde lorsque je donne, lorsque je m'exprime, lorsque je partage le don que je suis ? »

« Quelle est la valeur qui soutient ma participation lorsque je suis dans le don ? »

Inscrivez la réponse dans la partie droite du milieu du blason.

• Passons à la partie gauche au milieu du blason.

« Quelles sont les valeurs qui soutiennent ma participation dans mon monde lorsque je reçois, lorsque j'accueille ce que la vie me propose, lorsque j'accepte de me nourrir de ce que l'on m'offre et de ce que l'on me donne ? »

« Quelle est la valeur qui soutient ma participation lorsque je suis dans l'accueil ? »

Inscrivez la réponse dans la partie gauche du milieu du blason.

• Enfin, il nous reste les parties basses du blason, à droite et à gauche.

En restant toujours bien détendu, dans cette ouverture d'esprit aux possibles, regardez quelles sont les valeurs qui participent à la manifestation de ce que vous êtes aujourd'hui lorsque vous concrétisez vos projets, que vous réalisez vos inspirations et vos rêves, quelles sont les valeurs qui accompagnent cette manifestation…

« Quelles valeurs participent aujourd'hui à la manifestation de ce que je suis alors que j'essaye de vivre ma vie, de lui donner du sens ? »

« Quelles valeurs participent à la manifestation de ce que je suis alors que j'essaye de m'exprimer dans mon existence, d'exprimer toutes les nuances de mon être dans tous ses aspects, dans une conscience de plus en plus grande de ce que je suis réellement ? »

« Quelles valeurs sont là pour m'aider dans la manifestation de ce que je suis aujourd'hui ? »

Inscrivez les réponses dans les parties droite et gauche à la base du blason.

D'une manière générale, laissez venir les pensées, sans vous contracter. Même un germe de pensée qui se révèle est un début à prendre en compte, et si vous vous laissez vivre ce qui est en train de se passer, si vous laissez l'espace pour que la graine pousse, la pensée va se matérialiser en un mot, une image, que vous pourrez saisir puis comprendre. Essayez de vous faire confiance dans tout ce processus. Décidez de ne pas être votre propre censeur. Si rien ne vient la première fois que vous faites l'exercice, recommencez et recommencez encore. La persévérance est intéressante parce qu'elle fortifie l'être en lui montrant que, lorsqu'on persiste dans une action, une idée dans laquelle on croit, on obtient toujours des résultats à la hauteur de ce en quoi l'on croit !

3. Méditer

Maintenant, imprégnez-vous bien de ces valeurs et devenez observateur de votre vie pendant quelques instants. Comment ces valeurs influencent-elles vos réactions, vos attitudes, votre comportement ? Que se passe-t-il en vous si quelqu'un bafoue ces valeurs et que vous en prenez conscience ? Comment ces valeurs se manifestent-elles dans vos actions concrètes, dans votre histoire de vie ? Méditez sur ces questions, en leur permettant de prendre davantage d'ampleur dans votre existence si c'est ce que vous souhaitez réellement. En étant conscient des valeurs qui prédominent en vous en cet instant de votre cheminement au cœur de vous-même, vous choisissez de leur insuffler plus de vie, ou au contraire de les modifier, de les transformer si vous estimez que cela est nécessaire. En leur donnant plus de vie, vous renforcez leur existence, ce qui contribue aux pas faits pour éveiller et rencontrer l'être précieux et sacré que vous savez être au fond de vous-même. Vous lui permettez ainsi de s'exprimer pleinement dans toutes ses possibilités.

Clef 8

Prendre soin de son corps

Beaucoup de traditions et de cultures nous disent que le corps physique est important, qu'il est le véhicule de la pensée, de l'esprit, de l'âme.

Prendre soin du corps, c'est d'abord choisir de le nourrir correctement, en tenant compte de ses désirs, mais aussi de son activité. C'est lui permettre de s'oxygéner régulièrement, afin que les cellules fonctionnent le mieux possible ; bien inspirer et expirer, utiliser sa capacité respiratoire de manière complète représente un apprentissage nécessaire, quel que soit l'âge où l'on prend conscience de ce besoin de respiration. C'est choisir de l'habiller dans des vêtements ni trop serrés ni trop larges, constitués de tissus qui préservent la respiration de la peau et évitent son irritation. C'est aussi être attentif aux produits que l'on utilise pour se laver ou pour nettoyer ses vêtements ; aujourd'hui, beaucoup de produits contiennent des agents toxiques et irritants pour le corps, créant en lui des allergies, des faiblesses et des déséquilibres au niveau cellulaire.

Prendre soin du corps, c'est lui permettre de se reposer en quantité et en qualité suffisante, pour qu'il dépose les tensions et les crispations accumulées, que celles-ci soient d'origine stressante ou faisant suite à une activité physique donnée. Nous avons besoin de temps de pause, octroyés par le sommeil ou par des breaks réguliers tout au long de la journée, pour que notre corps se ressource et se revitalise. Notre physiologie en a besoin. À défaut, ce serait comme faire fonctionner une usine 24 heures sur 24, chaque jour de l'année, sans aucun arrêt pour réparer et assurer la maintenance des différents éléments de l'usine.

Prendre soin du corps passe nécessairement par le dévoilement du schéma corporel et le fait d'apprendre à faire ami-ami avec toutes les parties qui le composent, même celles que l'on ne connaît pas encore ou que l'on pense ne pas aimer. S'accepter et s'aimer entièrement et complètement, malgré ce que l'on considère comme des imperfections, entraînera tout naturellement une meilleure acceptation de ce qui fait le cœur de soi. Le schéma corporel pourra ainsi évoluer vers la vraie présence d'une corporalité, puis vers une dimension de moi corporel constitué, porteuse en elle-même d'un espace plus grand pour s'accueillir en tant qu'esprit et qu'âme.

Être présent dans son corps

Le corps est l'habitacle de votre être. Plonger au cœur de cet habitacle, c'est donc vous permettre une plus grande présence en tant que conscience et esprit. Plus vous êtes présent dans votre corps, plus vous le vivez pleinement grâce aux sensations et aux ressentis, plus vous devenez capable aussi bien de repérer quand il ne va pas bien, de repérer ses signaux et ses indicateurs concernant le début d'un mal-être, que d'apprécier les moments de bien-être et de bonheur procurés par la vie elle-même. Vos choix s'éclairent alors d'eux-mêmes par les sentiments intérieurs vécus.

Profiter qualitativement et quantitativement de la vie

Un corps vivant est un corps qui s'exprime en ses différents aspects, qui veut profiter pleinement de la vie. Pas seulement de l'aspect quantitatif de la vie, celui qui enchaîne les activités dynamiques les unes après les autres, sans presque jamais s'arrêter, le repos, bien souvent, n'étant pas considéré comme une activité en elle-même, mais aussi de son aspect qualitatif : prendre le temps de vivre chaque moment, chaque instant pleinement, savourer, grâce aux sens émerveillés, ce qui se déroule dans le maintenant, exprimer avec facilité ses émotions et ses sentiments face à ce qui se vit, avec un sentiment d'assurance et de sécurité intérieure que ce sont ces ressentis qui donnent la couleur à la vie, sa saveur, son relief. Sans sensations ni ressentis, nous serions comme des êtres à deux dimensions, une hauteur et une largeur, sans épaisseur, comme certains personnages du dessin animé *Roger Rabbit,* qui sont complètement plats lorsqu'on les voit de profil. Les sensations et les ressentis font que l'existence se dit et se manifeste en relief, dans l'aspect multidimensionnel de l'identité complète.

En tant qu'être, que choisissez-vous d'être ? Couleurs, saveurs, sons, odeurs… Paix, sérénité, joie, amour… Beauté, sacré, connaissance, lumière… Fête, rire, harmonie, jeux…

Exercice pratique

Commencez dès maintenant à vivre l'expérience du corps dans toutes ses possibilités agréables. Expérimenter l'effet des sensations extéroceptives passe par différents capteurs présents dans votre corps à partir d'une stimulation visuelle, sonore, tactile, gustative ou olfactive. Les sensations intéroceptives, quant à elles, sont émises par vos structures physiologiques internes, vous faisant vivre la faim ou la soif, le chaud ou le froid, la détente ou la tension. Les sensations proprioceptives portent sur la connaissance du mouvement de votre corps, la définition de sa forme, de son poids, de sa position dans l'espace. La perception de ce qui se passe dans votre environnement, que ce soit visible à l'œil nu ou pas, se fait grâce à la mise en relation des capteurs de sensations, du cerveau (il existe une zone spécifique de la perception) et de l'éveil de votre conscience aux choses.

1. Vivre la proprioceptivité

Installez-vous confortablement. Commencez par prendre conscience des points d'appui du corps sur le support sur lequel vous êtes assis ou allongé : les points d'appui du dos, des fessiers, de la tête, les points d'appui au niveau des bras, des mains, des jambes et des pieds. Essayez vraiment d'en prendre conscience, de bien observer où le corps repose, ce qui le maintient dans sa position actuelle. Regardez aussi comment il est en relation avec l'espace qui l'entoure. Le dos est-il droit ou courbé ? La tête repose-t-elle sur le support ou penche-t-elle vers l'avant ou vers l'arrière ? Les bras se trouvent-ils libres de chaque côté du corps ou les mains sont-elles croisées ou placées sur les cuisses ? Les jambes sont-elles allongées, croisées ou décroisées, repliées ? Prenez le temps d'observer votre posture et essayez de trouver une position dans laquelle vous vous sentez à l'aise et confortable.

Maintenant, essayez de dessiner les contours de votre corps, pour mieux en repérer sa forme, comme si vous vouliez dessiner votre silhouette sur un panneau invisible sur lequel vous reposez. Partez du sommet de votre crâne et descendez le long de votre visage, vers la droite. Suivez le contour de votre cou, de votre épaule, puis celui du bras. Dessinez le contour de votre main et de tous vos doigts, puis remontez à l'intérieur de votre bras droit avant de redescendre le long de votre thorax, de votre abdomen droit. Vous êtes arrivé à votre bassin. Suivez ensuite la courbure de votre cuisse droite, le côté du genou, le mollet, la cheville, puis passez par le contour extérieur de votre pied droit, orteils inclus. Remontez le long du côté gauche de votre cheville droite, puis de votre mollet. Dépassez le genou, puis le côté gauche de la cuisse droit et vous arrivez à l'entrejambe. Vous redescendez maintenant le long du côté droit de votre cuisse gauche jusqu'au genou, au mollet, à la cheville et, enfin, vous contournez votre pied gauche, orteils inclus. Tracez le contour en remontant le côté gauche de votre cheville gauche, du mollet, du genou et de la cuisse, jusqu'à la hanche. Dessinez le pourtour gauche de votre abdomen, le côté du thorax, le contour complet du bras gauche, doigts y compris. Vous atteignez maintenant votre épaule gauche. Dessinez le cou, le côté gauche de votre visage et, pour finir, rejoignez le sommet de votre crâne.

Respirez profondément. Appréciez les sensations présentes, alors que les contours de votre corps sont maintenant plus nets et plus présents dans votre esprit. Peut-être sentirez-vous de la chaleur dans le thorax, de la détente, ou encore la sensation d'être bien dans votre corps. Vous vivez votre propre expérience, en essayant de la faire sans jugement, sans a priori, comme si c'était la première fois que vous vous découvriez de cette manière. Laissez-vous apprécier ce moment, qui est un moment unique pour vous-même. Considérez-le comme précieux !

2. Vivre l'intéroceptivité

Maintenant, je vous propose de vous concentrer sur votre respiration pour suivre le flux de l'air qui entre et qui sort. Commencez par l'inspiration. Portez votre attention sur le bout de votre nez et laissez glisser votre attention sur le circuit qu'emprunte l'air au fur et à mesure qu'il pénètre dans le corps : l'arrière de la gorge, la trachée, les bronches jusqu'aux bronchioles et aux petits sacs alvéolaires qui permettent le transfert de l'oxygène dans le sang. À l'expiration, l'air emprunte le circuit en sens inverse : des alvéoles aux bronchioles, puis aux bronches, à la trachée, à l'arrière de la gorge et aux fosses nasales pour ressortir par le nez.

Essayez de suivre ce flux d'air qui entre et qui sort, à votre rythme. Si des pensées parasites arrivent, laissez-les passer. Ne vous accrochez pas dessus. La pensée est comme le wagon d'un train : si vous entrez dedans, vous allez faire tout le voyage qui va avec la pensée. Ramenez donc toujours votre attention, votre concentration, sur votre respiration.

Sentez comme l'alternance d'inspirations, où l'air se réchauffe doucement au fur et à mesure de sa circulation dans le corps, et d'expirations, où l'air fait le chemin en sens inverse, fait du bien. Profitez de cette respiration libre et fluide, comme le flux et le reflux de la mer. Laissez-vous apprécier pleinement ce moment de tranquillité et de bien-être…

3. Vivre l'extéroceptivité

Quittez maintenant l'espace de la respiration et portez votre attention dans l'espace des oreilles. Peut-être êtes-vous dans un endroit rempli de sons et de bruits, ou au contraire dans un endroit si calme que l'on pourrait entendre une mouche voler.

Peu importe ! Commencez par essayer d'élargir la possibilité de vos capteurs de son, de manière que vous puissiez entendre le maximum de bruits et de sons sans en sélectionner aucun. Tous ces sons jouent comme une mélodie qui peut être apaisante et décontractante. Laissez-vous aller dans cette détente, alors que votre environnement vous procure toute cette mélodie de sonorités diverses et variées.

Maintenant, essayez de réduire votre audition à un seul son. Captez ce son choisi et focalisez toute votre attention et toute votre concentration sur ce bruit unique pendant quelques instants, tout en restant confortable et détendu. Ensuite, élargissez à nouveau votre attention à l'ensemble des sonorités de votre environnement. La mélodie jouée approfondit votre état de bien-être et de relaxation...

Si vous avez le temps, vous pouvez maintenant faire le même exercice avec les senteurs qui vous environnent, en essayant de capter toutes les odeurs existantes dans la pièce où vous vous trouvez, puis en tentant de n'en capter qu'une seule afin de l'apprécier, en même temps que toutes les agréables sensations que cela procure...

Maintenant, ouvrez les yeux. Tout en restant décontracté, commencez à apprécier les couleurs qui vous entourent, sans aucun jugement ni a priori, sans penser ni dire que cette couleur vous plaît ou vous déplaît. Essayez de rester dans un simple constat de la présence des couleurs, des formes, des textures qui composent les objets qui vous entourent, la décoration, le sol... Regardez aussi la luminosité qui existe dans la pièce, les nuances de clarté, de lumière et d'ombre. Regardez bien tout autour de vous, et appréciez les bienfaits que cette simple observation des choses vous procure : du calme, de la sérénité, de la tranquillité… Ça fait du bien !

4. Intégrer

Prenez une profonde respiration… Restez quelques instants à apprécier et à savourer librement ce que vous venez de vivre grâce à votre corps, grâce à vos sensations. Quelle ambiance est présente en vous maintenant ? Observez-la simplement, pour laisser faire le processus, pour que toute cette expérience puisse s'intégrer dans votre conscience afin de favoriser une mise en cohérence de tous vos systèmes et de toutes vos structures vers une plus grande harmonie. Respirez profondément et profitez !

Clef 9

Relier la logique et l'intuition

Chacun est naturellement porteur de deux manières de fonctionner. L'une répond à un processus très digital, très rationnel. Elle gère les facultés intellectuelles de raisonnement, de structure, de logique, d'organisation. L'autre est en relation avec un processus basé sur l'intuition, sur la créativité. Elle gère davantage les états d'être, les sensations, les émotions. Cet état sensitif et émotionnel prédomine jusqu'à l'âge de trois ans, et c'est ensuite que commence vraiment l'apprentissage de l'utilisation des facultés rationnelles.

Même si nous avons en nous ces deux facultés, qui ont pu s'exprimer différemment au fil des années depuis la naissance, nous pouvons constater qu'un de ces deux modèles prédomine souvent à l'âge adulte. Probablement notre culture et notre éducation y sont-elles pour quelque chose, mais aussi notre nature intrinsèque, notre goût premier, qui dès notre naissance nous fait privilégier un de ces modèles, celui de l'aspect créatif et libre des choses ou celui de l'aspect organisé et structuré des choses.

La vie et les situations de la vie seront alors abordées selon ce modèle premier, ce qui prédétermine une certaine vision du monde. Dans un de ces mondes, il semble important de compter tous les arbres qui composent une forêt, de les dénombrer, de connaître l'espèce de chacun, sa taille, sa stature. Il semble primordial de classer les choses, de les structurer et de les ordonner, pour mieux les connaître et mieux les comprendre. Dans l'autre monde en revanche, il semble plus important de contempler la forêt, de se laisser bercer par les impressions et les nuances, les histoires qui peuvent se créer à la vue de la majesté des arbres, de ne faire qu'un avec elle, et peu importe le nombre d'arbres et d'essences qui composent cette forêt.

Deux mondes différents !

Pour quelqu'un de digital, rationnel, en général très synthétique, les faits s'exposent rapidement, doivent aller à l'essentiel. Les exposés doivent être succincts. Pour quelqu'un de créatif, émotionnel, en général plutôt analytique, les faits s'exposent dans tous leurs aspects, du début jusqu'à la fin de l'histoire, de manière chronologique, avec tous les détails et toutes les réflexions et émotions personnelles qui ont été vécues. Les exposés doivent être le plus complets possible pour être bien compris par l'autre. Deux modes d'expression complètement différents, donc, ce qui peut créer de l'énervement et de l'irritation de la part de chacun, avec une impression de ne pas se comprendre ni de réussir à se faire comprendre.

Et l'intuition dans tout ça…

La capacité d'intuition se relie, au-delà de la rationalisation, à la réalité de ce que l'esprit, voire l'âme, veut faire savoir. Cette présence en soi, considérée alors comme un guide intérieur, pourvoit aux idées, aux pensées, aux désirs de sa sagesse éternelle. L'intuition donne ainsi tous les éléments qui permettent de gérer une situation en tenant compte de ce qui est bon pour soi, mais aussi de ce qui est bon pour l'autre, dans l'aspect d'une vision plus élevée où chaque partie peut trouver des avantages et des bénéfices, même si ce n'est pas à cent pour cent de la demande de départ. Pour que l'intuition se développe, une autre capacité, celle de la contemplation, doit prendre sa place. La contemplation permet une relation plus directe avec l'âme, l'anima, ce guide intérieur, ce moteur qui pousse aussi à se réaliser le plus pleinement possible, la motivation première de toutes les expériences, sans s'encombrer de fausses pensées ou d'illusions. La contemplation passe par la pratique des facultés d'attention, de concentration et de méditation.

Mise en cohérence

Ainsi, même si notre mental gère les compréhensions intellectuelles par la production des pensées et des images, c'est le corps dans son entier qui est le support des compréhensions perceptives et intuitives, par la production des sensations et des ressentis en relation avec la situation. Autrement dit, la pensée d'une situation n'est pas le vécu de la situation.

Lorsque vous cherchez à comprendre un concept, une situation, un fonctionnement, vous faites d'abord appel à votre mental, à vos facultés intellectuelles. Vous pensez à ce concept, à cette situation, à ce fonctionnement. Vous essayez de le décrypter rationnellement, vous l'explorez, vous pouvez lire à son sujet, vous pouvez en discuter avec d'autres. Votre compréhension de la chose va donc grandir... grâce à votre tête ! Mais votre corps vous permet d'aborder le phénomène d'une autre manière, très complémentaire. Lorsque le corps intègre un concept, une situation, un fonctionnement, sans cadre préétabli, ce qui a été rationalisé se transforme, grâce à la perception, en un état intérieur où tout l'être est sollicité. L'aspect émotionnel et le sentiment d'existence, qui sont parties intégrantes du corps, se mettent en cohérence avec le mental pour essayer de comprendre de manière intuitive et perceptive ce concept, cette situation, ce fonctionnement, ce qui naturellement vient enrichir la compréhension intellectuelle initiale. Les questions s'apaisent alors, car tout le corps vit cette compréhension comme une vérité profonde en relation avec une nouvelle réalité. Vous êtes alors capable d'être dans une vision plus claire et plus globale de la situation, par la pensée qu'il en résulte et par les ressentis et les sensations qui sont vécus en regard de cette situation.

En reliant de manière équilibrée la compréhension rationnelle des choses, celle qui fait appel aux facultés de logique, de structure et d'analyse, et la compréhension intuitive, perceptive des choses, celle qui fait appel aux facultés de méditation et de contemplation intérieure, il est possible de mieux comprendre le réel dans sa manifestation, avec pour bénéfice une approche de la vie au-delà de la dualité première.

Exercice pratique

Différentes approches ont été développées, de tout temps, pour permettre l'évolution harmonieuse des facultés rationnelles et des facultés perceptives et intuitives. Les approches corporelles, par des mouvements faits dans un certain ordre, par la prise de postures spécifiques ou encore par des actions, comme compter ou chanter, vont aider à rétablir cet équilibre. Faire des exercices avec des chiffres, comme le sudoku, aide à développer sa partie digitale, alors que le fait de peindre, de jouer de la musique ou de fredonner développe sa partie intuitive et créative.

1. Se centrer

Voici une posture très utile pour le recentrage personnel, nommée par le nom de son auteur, Wayne Cook, et qui est à pratiquer avant ou après un entretien stressant, avant une prise de décision ou après la réalisation d'une activité intense, afin d'éviter les perturbations du mental.

En position assise ou allongée, croisez les jambes et placez les bras à l'horizontale devant vous, le dos d'une main face au dos de l'autre. Déplacez les mains de manière que les paumes se retrouvent face à face et entrelacez les doigts pour relier les mains entre elles. Faites un mouvement de rotation des bras vers le bas de façon à ramener les mains vers le thorax puis, tout en gardant les mains jointes avec les doigts croisés, posez-les sur le haut ou sur le bas de votre thorax, dans une posture qui vous est confortable. Essayez de détendre le mieux possible les muscles de vos bras et de vos jambes, et maintenez cette posture.

2. Se calmer par la respiration

Concentrez-vous maintenant sur votre respiration en comptant chaque inspiration et chaque expiration de la manière suivante : 1, j'expire, j'inspire ; 2, j'expire, j'inspire ; 3, j'expire, j'inspire ; 4, j'expire, j'inspire…

Continuez ainsi jusqu'à 36. Si, en cours de route, vous perdez le fil, recommencez depuis le début.

Lorsque vous avez terminé votre cycle respiratoire jusqu'à 36, relâchez vos bras et vos jambes… et comme d'habitude observez la manière dont vous vous sentez, la teneur de votre ambiance présente. Appréciez !

3. Entraîner ses facultés d'attention, de concentration, de méditation et de contemplation

Dirigez votre regard vers un objet ou un sujet de votre choix, les yeux ouverts ou fermés. Main tenez votre regard, votre attention sur cet objet, en essayant de laisser le mental au repos pendant 1 à 2 minutes.

Concentrez-vous maintenant sur cet objet choisi en commençant par l'observation. Focalisez votre regard sur la forme, la composition, la matière de l'objet, sa texture, le dessus et le dessous, le haut et le bas, l'avant et l'arrière. Vous créez ainsi un espace de conscience supplémentaire pour vivre les phénomènes, que le sujet soit un objet, un concept, une situation ou encore un être vivant.

Essayez ensuite de mettre cet objet dans un contexte, une histoire, son histoire. Laissez venir les réponses de manière intuitive. D'où vient cet objet ? À quoi sert-il maintenant ? Quel pourrait être son devenir ? Méditez sur la temporalité de cet objet. En envisageant son aspect tridimensionnel, à savoir son passé, son présent et son devenir, à partir de ce que votre intuition peut vous donner comme informations.

Essayez enfin de contempler cet objet pendant quelques instants. En vous plaçant au-delà de l'intellectualisation, en lâchant prise des idées et des images mentales, laissez votre esprit se mettre en relation avec ce que l'objet vous procure comme sentiment agréable. Essayez de faire union avec ce sentiment qui fait du bien, sans chercher à rationaliser quoi que ce soit, en étant juste présent à ce qui se vit maintenant.

4. Pratiquer son ressenti

Amusez-vous régulièrement à ressentir l'ambiance présente dans un lieu, lorsque vous entrez dans une pièce ou lorsque vous vous promenez en forêt. Vous développerez ainsi votre capacité de perception. Méditer fréquemment vous permettra aussi de vous ouvrir davantage à votre capacité à recevoir des impressions et des sensations ; en clarifiant votre esprit, en le désencombrant, vous permettez à votre âme de vous inspirer, de vous transmettre de l'information vitale et importante pour vous-même, quels que soient les aspects de votre vie.

Clef 10

Faire des choix conscients

La capacité de faire des choix existe depuis tout temps chez l'être humain. Déjà, à la préhistoire, l'homme devait choisir entre rester dans la caverne ou aller explorer les contrées à la découverte d'autres horizons. Il devait choisir le moment le plus propice pour aller chasser et celui pour se reposer. Ses choix étaient guidés par ce que la nature imposait comme rythme ou par ses besoins, comme la faim et le tiraillement occasionné au niveau de l'estomac, ou comme le sommeil et la baisse d'énergie qui l'accompagne. Ses choix étaient dictés par l'instinct plutôt qu'éclairés par des intentions conscientes.

Malgré la vision moderne qu'est censé exprimer l'homme d'aujourd'hui, nous pouvons toujours constater que certains choix restent instinctifs, comme celui de défendre son territoire avec agressivité, dans la compétition et l'offensive, ou que d'autres choix sont soumis au cadre de référence d'autrui. De ce fait, nos choix ne sont pas vraiment porteurs du désir de nos véritables réalisations, et par voie de conséquence de la motivation qui pousse à leur concrétisation dans la joie et le bonheur.

La tentation de l'immobilisme

Bien évidemment, faire un choix n'est pas forcément simple selon les circonstances. Parfois, il se pose comme un véritable défi à cause du risque qu'il représente, celui de se tromper. « Et si, en choisissant telle option, je faisais une erreur ? » pourrait être une interrogation consciente ou inconsciente sous-tendant l'absence de décision. Comment être sûr de faire le bon choix ? Comment être sûr de prendre la bonne décision dans l'application de ce choix ? Autant de questions émises, qui font que parfois ne faire aucun choix s'avère une meilleure solution que d'en faire un qui risquerait d'être mauvais. La vie prend alors une forme d'indécision constante, la personne évitant de s'engager dans une action donnée quels que soient les domaines de l'existence. En restreignant cette capacité d'exprimer et de choisir, se restreint aussi la capacité à exprimer le plus pleinement possible sa nature première, ce qui incite à s'installer dans une sorte d'immobilisme et à penser, peut-être, que la vie, c'est ça !

La tentation de céder à autrui

Le choix implique dans son processus la prise de décision afin de mettre en action le choix effectué. Choisir la voie que l'on pense, que l'on sent, que l'on perçoit comme la meilleure pour soi et décider d'y aller ! Parfois, vous pouvez vous rendre compte qu'un de vos choix ne correspond pas à ce que vous souhaitez au fond de vous-même. La prise de décision pour l'appliquer devient alors difficile, et un conflit intérieur commence à s'installer. Qui n'a pas vécu l'expérience d'aller à une soirée entre amis ou à une invitation dans la famille, non pas parce que vous le vouliez vraiment et que cela vous aurait fait plaisir, mais parce que votre conjoint vous avait incité à le faire ? Est-ce alors la paix qui règne en soi ou une sorte de mouvement inconfortable, sorte de bascule entre le fait de faire plaisir à son conjoint pour ne pas le décevoir et le fait de se faire plaisir à soi-même ? Peut-être la fatigue présente vous aurait fait préférer rester chez vous, en expliquant cela aux amis... Peut-être qu'aller à cette soirée, c'est tirer encore sur une corde déjà prête à craquer... Peut-être est-ce la culpabilité de dire non... Tout ce mouvement intérieur est en relation avec le paradoxe qui a été créé, voulant satisfaire tout le monde à tout prix, en oubliant de se satisfaire d'abord si la sortie n'amène pas, au bout du compte, le plaisir ressourçant qu'elle aurait dû procurer.

Le choix conscient

C'est au moment où commence à naître le paradoxe, qu'il serait intéressant de décoder ce qui se passe en soi. Car un choix conscient devrait normalement se baser aussi bien sur l'aspect rationnel, intellectuel des choses, en envisageant tous les tenants et les aboutissants de la situation, que sur l'aspect intuitif des choses et le désir exprimé par le cœur. Prendre un petit moment pour soi, modifier son niveau de conscience par la méditation, la relaxation ou encore la sophrologie, permettrait de se centrer afin de se mettre en contact avec son véritable besoin. Les pour et les contre pourraient donc être envisagés plus sereinement et plus objectivement, en tenant compte de ses désirs, de ce que dit le cœur, en tenant compte aussi de ce que dit le corps par l'intermédiaire des sensations présentes. Le choix s'éclairerait ainsi de tous ces aspects, aussi bien intellectuel qu'intuitif, mettant la précipitation de côté.

Lorsque nous avons à faire un choix, c'est tout l'être qui parle. Le mental, de par son raisonnement, ne fait pas tout. S'il était envisagé seul, il pourrait orienter vers une prise de décision qui ne serait pas nourrissante pour la totalité de ce que nous sommes. Le corps, le cœur et l'esprit nous aident à choisir. Lorsque le corps procure d'agréables sensations, il informe d'une possibilité favorable apportant une voie de détente, de joie ou de bonheur. Lorsque le cœur vibre à l'idée, il parle d'une expérience qui va le nourrir. Lorsque l'âme parle, elle le fait par l'intermédiaire des désirs et des rêves. Ce qui est choisi fait-il pétiller ou, au contraire, génère-t-il comme une sorte de froideur intérieure ? L'anima contribue aussi à cette capacité à faire des choix conscients, car c'est ce qui assurera la motivation nécessaire et suffisante pour passer à la prise de décision avec facilité et à la concrétisation qui en résulte, en faisant passer le choix effectué par la chaleur du notre cœur. Occulter cette partie de soi ou ne pas en tenir compte reviendrait à choisir un plat dans un restaurant les yeux fermés, uniquement guidé par la faim, en prenant le premier plat sur la liste, sans tenir compte de ce qu'on aime ou encore de ce qui peut attiser la curiosité ou le désir. Le corps pourrait alors être rassasié, bien sûr, mais quels messages passeront dans l'esprit suite à cette absence de plaisir à déguster ? Quelles informations l'inconscient pourra-t-il alors enregistrer dans sa mémoire ? « Manger n'est pas agréable », « manger n'est fait que pour satisfaire sa faim, peu importe ce que l'on mange » ou « la vie ne vaut pas d'être appréciée » peuvent être autant de messages subliminaux qui orienteraient alors la vie vers une restriction de ses expériences !

Lorsque vous invitez toutes les dimensions de vous-même à participer à un choix, la dualité du bon ou du mauvais choix ne présente plus d'intérêt. Un nouvel état d'esprit s'installe, où le choix sera simplement porteur d'effets et d'expériences. L'important sera donc de découvrir et de savoir ce qui vous plaît à vivre, et donc ce qui vous plaît dans le choix que vous ferez, tout en comprenant aussi pourquoi vous l'avez fait. Ces raisons seront ainsi toujours là pour vous soutenir, alors que vous avancerez sur votre chemin de réalisation.

Exercice pratique

Lorsque vous avez un choix à faire, voici ce que je vous propose…

1. Décrire les différentes possibilités

Tout d'abord, commencez par écrire les différentes possibilités existantes autour d'une situation donnée. Essayez de les décrire le plus objectivement possible et donnez-leur un titre court. Ensuite, recherchez tous les pour et les contre, tels que votre mental vous les propose. Laissez reposer au moins une journée, en essayant de ne plus y penser, une sorte de mise entre parenthèses de la situation.

2. Se centrer et méditer

Reprenez votre liste et installez-vous confortablement. Prenez quelques instants pour vous concentrer sur votre respiration, comme vous savez le faire maintenant. Passez rapidement toutes les parties du corps en revue, de la tête jusqu'aux pieds, pour repérer les zones de tension éventuelles, et décontractez-les du mieux que vous pouvez. Avec l'expiration, essayez de chasser à l'extérieur de vous toutes les sensations d'inconfort, de tension, de contraction que vous pouvez sentir maintenant, afin de vivre un corps bien détendu. Plus le corps est relaxé, moins il vit d'inconfort, plus vous avez accès à un esprit reposé et à une conscience claire des choses.

Maintenant, pensez à la première possibilité. Laissez-la venir dans votre esprit, sans jugement, sans a priori. Essayez de faire corps avec cette possibilité, laissez-vous vous en imprégner sans intellectualiser. Essayez simplement de méditer sur la situation. Peut-être y aura-t-il des mots qui viendront dans votre esprit. Prenez-en conscience et notez-les quelque part dans votre mémoire. Peut-être y aura-t-il des sensations ou des ressentis que vous vivrez dans votre corps. Prenez-en conscience et regardez si c'est plutôt agréable, avec une présence de légèreté, ou plutôt désagréable, avec une présence de lourdeur, si c'est joyeux, apaisé ou non, ou encore plutôt neutre, sans sensation ni ressenti particuliers. Laissez-vous vivre cette expérience pendant quelques instants... Prenez une respiration profonde et notez les mots, les sensations, les ressentis que vous avez vécus pendant la méditation en correspondance avec la possibilité de choix sur laquelle vous vous êtes penché.

Pratiquez de la même façon avec chacune des autres possibilités.

3. Contempler

Laissez reposer pendant quelques jours encore, pour soumettre les possibilités du choix au regard de l'amour en votre âme et conscience.

Installez-vous à nouveau en attitude méditative. Quelques instants de concentration sur votre respiration... Repérez les tensions et les inconforts du corps pour les relâcher. Nettoyez bien les inconforts grâce à l'expiration. Focalisez ensuite toute votre attention, toute votre concentration sur la première possibilité. Imprégnez-vous-en bien. Voyez-vous vivre cette situation comme si vous y étiez. Laissez-la se dérouler au gré de l'histoire. Observez la facilité avec laquelle vous vivez les choses, ce que vous dit votre intuition, la manière dont vous percevez son déroulement. Sans jugement, sans a priori, sans rationalisation, contemplez-la comme une possibilité. Laissez l'amour de votre âme vous parler grâce aux ressentis intérieurs. Pétillez-vous dans cette situation ? Vous émerveillez-vous dans cette possibilité ou non ? Lorsque vous sentez ou ressentez que vous avez fait le tour de la situation, prenez une bonne respiration, ramenez toute votre attention ici et maintenant, et notez tous les éléments de votre vécu sur votre feuille.

Recommencez tout le processus pour chacune des autres possibilités.

4. Totaliser l'expérience

Finalement, regardez quelle possibilité vous a fourni le plus de positif, de légèreté, de satisfaction, alors que vous avez, en quelque sorte, demandé son avis à tout ce que vous êtes : votre corps et ses sensations, votre cœur et ses ressentis, votre mental et sa rationalisation, votre esprit et son intuition, votre âme et sa motivation. Ce que vous déciderez alors ne pourra vous procurer, au bout du compte, que de la joie et du bonheur, comme étant le meilleur choix que vous pouviez faire pour vous aujourd'hui, en vous respectant, et ainsi en respectant l'autre également. Plus vous apprenez à fonctionner différemment, plus en conscience et en cohérence avec vous-même, plus votre nature profonde prend sa place…

Quelques exemples de possibilités et de formulation de choix…

• Situation : l'amour

Question : est-il bon que je poursuive cette relation avec cette personne ou pas ?

Proposition 1 : j'envisage de poursuivre ma relation avec cette personne. / j'envisage d'arrêter ma relation avec cette personne.

Proposition 2 : il est bon pour moi d'être avec cette personne. / être avec cette personne est néfaste pour moi.

Proposition 3 : malgré ce que cette personne m'a fait, je choisis de continuer mon chemin avec elle. / malgré ce que cette personne m'a fait, je choisis d'arrêter mon chemin avec elle.

• Situation : le travail

Question : est-ce le travail qui me convient encore aujourd'hui ou pas ?

Proposition 1 : ce travail est bon pour moi. / ce travail n'est plus bon pour moi.

Proposition 2 : ce travail peut encore me procurer de la satisfaction personnelle. / je m'étiole dans ce travail.

Proposition 3 : ce travail peut encore me faire évoluer et grandir. / j'ai appris tout ce que j'avais à apprendre dans ce travail.

Clef 11

Expérimenter le lâcher-prise

Un chasseur n'avait pas son pareil pour attraper des singes vivants dans la forêt équatoriale, sans les blesser, car il connaissait leur travers : les singes sont incapables de lâcher prise. Après avoir coupé l'extrémité d'une grosse courge et l'avoir vidée de son contenu, ce chasseur la remplissait de riz cuit et la fixait solidement à un arbre. Attiré par l'odeur de la nourriture, un singe accourait et y plongeait la main pour saisir le riz, mais l'ouverture, juste assez grande pour laisser entrer sa main vide, était trop étroite pour qu'il puisse retirer sa main pleine ! Refusant de renoncer à son butin, le singe restait là, sans bouger, assez longtemps pour permettre au chasseur de l'attraper…

L'aspect du lâcher-prise amène à observer la manière de se positionner par rapport au temps et la manière de vouloir contrôler les choses de sa vie. Au regard d'une situation, celle-ci devrait se produire comme on l'espère, se réaliser en fonction de l'idée faite et, de surcroît, dans un délai adéquat pour soi. Nous nous accrochons ainsi, consciemment ou inconsciemment, à une image de la situation que nous souhaitons voir se concrétiser dans notre réalité d'aujourd'hui. Bien qu'il soit nécessairement important d'investir sa pensée, ses émotions, sa volonté, dès lors qu'un projet nous tient à cœur, il est tout aussi important et nécessaire, à un certain moment de ce projet, de lâcher prise pour qu'il se réalise dans une forme qui lui sera propre, car il tient nécessairement compte de l'interaction de tous les participants.

Lâcher prise… une vraie difficulté !

Difficile de lâcher prise. C'est comme si nous voulions toujours conserver en l'état la chose, la situation ou la personne à laquelle nous tenons, comme si nous voulions à tout prix éviter que les choses changent, comme si nous voulions que l'autre, le projet ou la situation, corresponde toujours à notre idéal, sans tenir compte de la vie propre de l'autre, du projet ou de la situation. Le lâcher-prise implique donc tout naturellement l'idée de lâcher le contrôle et d'accepter le changement, que ce soit un changement d'état d'esprit, un changement de regard sur une situation ou encore un changement intérieur. Le changement implique le mouvement. Nous devons apprendre à accepter la mise en mouvement en nous d'une énergie libre, d'une pensée libre, d'une émotion libre d'attachement. La liberté, c'est le mouvement de la vie. L'absence de lâcher-prise entraîne une cristallisation de l'esprit autour de la situation, de la personne ou de l'objet en question, se traduisant par une immobilité intérieure, avec comme conséquence un immobilisme extérieur, ce qui finalement finit par représenter une absence de liberté et une absence de vie.

Parfois, la difficulté à lâcher prise est reliée à la pensée illusoire qu'un changement va se produire chez l'autre, de manière imminente ou dans le temps, dans sa manière de faire, ou encore que la situation va s'ouvrir aux possibilités que l'on souhaite si l'on maintient l'idée de ce que l'on souhaite voir arriver ! En fait, cela peut être une grande illusion, car comment un mouvement peut-il se produire lorsqu'on maintient quelqu'un ou quelque chose bien enfermé à l'intérieur de ses propres croyances ? Cette pensée ne peut que produire et maintenir un inconfort, une douleur, une impression de non-réalisation, une frustration. Le fait de réussir à se détacher de ce à quoi l'on tient laisse l'espace et la liberté pour que les choses évoluent, même si parfois la crainte est présente que les choses n'évoluent pas comme on le voudrait et que la peur de perdre pointe son nez à l'horizon. Nous pouvons souvent constater que, lorsqu'un chemin de réalisation est libre, peu importe les personnages qu'elle implique, ce qui doit arriver arrive. Cette pensée que « ce qui est, est » et « ce qui n'est pas, n'est pas » pourrait ressembler à une lapalissade, mais au fond elle procure une aide non négligeable quant à la possibilité de lâcher prise sur certaines situations de la vie.

Prendre de la distance

Le lâcher-prise est différent du laisser-faire, car dans le mouvement de la liberté se trouve une dynamique qui n'existe pas dans le laisser-faire : celle d'une pensée pouvant envisager une action commune, respectant aussi bien le point de vue de l'un que celui de l'autre.

Lâcher prise n'implique pas de ne plus poursuivre la réalisation de ses désirs, mais s'accrocher à une envie impérieuse de vivre tout immédiatement sous-tend obligatoirement un besoin non satisfait : besoin d'amour, besoin de reconnaissance, besoin d'aimer ou d'être aimé. Si cette envie n'est pas correctement dirigée, une dépendance à l'autre ou encore un état d'attente permanent peut s'installer, et un jour devenir tellement insupportable qu'il pourrait entraîner des comportements de prise de pouvoir sur l'autre, alternant colère, tristesse et paroles blessantes, voire jalousie.

Le lâcher prise, c'est apprendre à prendre de la distance par rapport aux événements de la vie, notamment ceux qui sont porteurs de souffrance pour soi, de douleur ou de stress. Cette prise de distance permet alors, en se retrouvant soi-même, en se recentrant, de regarder ensuite la même situation avec un autre regard. Qui dit autre regard dit aussi autre manière de comprendre, d'analyser et d'interpréter la situation pour, finalement, déterminer les actions les plus appropriées à mener à partir de choix plus clairs et plus posés.

Finalement, lâcher prise ne veut pas dire se mettre à côté de la vie, ni être dans un détachement de toute chose, sans point de vue aucun ni émotion aucune. Ce serait plutôt comme apprendre à vivre une forme de neutralité intérieure à certains moments de sa vie, permettant de choisir ce qui convient le mieux comme action au vu de la situation.

L'installation intérieure du lâcher-prise

Comment faire pour gagner en lâcher-prise alors que le tumulte des émotions et des désirs fait tempête en soi, que les pensées tournent inlassablement autour d'un même axe dans la tête, ou encore que le moteur de la volonté a été tellement usé qu'il ne veut plus fonctionner ? La première question à se poser alors est celle-ci : souhaite-t-on véritablement gagner en lâcher-prise dans tel aspect de sa vie ? Parfois en effet, même si l'inconfort lié au fait de s'accrocher à quelque chose (son mal-être, autrui, une situation…) est très présent, nous préférons conserver ce lien, cette attache, voire faisons tout pour l'amplifier pour ne pas se sentir seul ! Ainsi, les premières questions à se poser lorsqu'on s'accroche à une situation, même si l'on ne sait pas forcément comment faire, sont donc : « À quoi sert cette situation dans ma vie ? Suis-je d'accord pour lâcher prise dans cette situation, face à cette personne ou cet objet ? Est-ce que je le choisis ? » À partir de là, l'installation consciente dans une attitude intérieure du lâcher-prise va faire le reste. Cette installation intérieure peut se faire par une intention formulée dans son esprit, que je nomme « tout mettre en unité en soi » : le blanc et le noir, l'inverse et son contraire, l'affirmation et son opposé… C'est un peu comme si tout ce qui retenait son avancée était dissous par cette intention clairement posée, l'intention agissant comme une commande émise envers son subconscient pour que se crée un espace nouveau dans lequel tout est possible. Une forme d'espace neutre permettant une attitude de détachement face aux choses, aux personnes, ce qui ne veut pas dire, bien évidemment, une insensibilité ni un je-m'en-foutisme, comme nous l'avons précédemment évoqué, mais une manière de laisser s'intégrer dans sa conscience l'expérience qui a été vécue, non comme le souvenir d'inconforts restreignant l'être, mais comme une compréhension d'éléments favorables à son essor intérieur, ne pouvant se réaliser qu'une fois débarrassé des pressions et des préjugés.

Exercice pratique

Expérience de la « mise de l'unité en soi »

L'unité intérieure est un état d'être où n'existe plus tout et son contraire, un espace où l'attraction de la dualité n'a plus d'effet, suspendant alors le ressenti d'être tiraillé entre deux pôles, le oui et le non, le blanc et le noir, l'affirmation et son contraire. La tourmente psychique et/ou émotionnelle résultant de ce tiraillement n'a plus lieu d'être, créant ainsi un apaisement physique et émotionnel, comme l'apaisement que l'on trouve dans l'œil d'un cyclone. Seulement alors, parce que tout se pose enfin en soi, apparaît ce nouvel espace qui permet l'émergence d'une énergie de joie et d'amour remplissant et entourant tout l'être que l'on est.

L'unité intérieure peut être vue comme le point central d'un équilibre, point neutre bienveillant, permettant une mise en neutralité de tout ce qui se vit dans son intériorité du maintenant, et un énorme tri dans tout ce qui se vit dans son extériorité. Ce qui n'a plus lieu d'être aura alors la possibilité de cesser d'exister, pour faire de la place au meilleur en soi, au meilleur en l'autre, au meilleur des situations. C'est une belle forme de reconnaissance de soi, de rencontre et d'acceptation de soi.

L'unité intérieure pourrait aussi être considérée comme un état d'enfant où la spontanéité des émotions sans frictions ne s'exprimerait ni en excès ni en manque, issue d'une réponse quasi instantanée aux besoins intérieurs. Retrouver cette spontanéité de l'enfant, son innocence, sa manière de communiquer de façon basique, sans interprétation ni analyse ou lecture de pensée, pourrait faire partie des bénéfices obtenus par la mise en unité intérieure de sa vie et de son existence.

Ce que n'est pas la mise en unité intérieure...

- Ce n'est pas un questionnement mental. Il ne s'agit aucunement de questionner sa pensée dans sa vérité, ni dans ses effets sur son état émotionnel ou physique. En prenant conscience d'une de ses pensées, il s'agit de la mettre en unité intérieure, ainsi que la pensée contraire, ce qui aura comme effet d'annuler l'effet de tension résultant naturellement des opposés. Par exemple, si je pense « Je suis né pour échouer » et que je ne peux lâcher prise de cette pensée, je mets l'intention d'être en unité intérieure avec cette pensée et j'observe ce qui se passe en moi pendant quelques instants, puis j'amène la pensée opposée, « Je pense que je suis né pour réussir », et je mets également l'intention de mettre en unité intérieure cette pensée, tout en continuant de m'observer. À un moment, ces pensées conscientes, ou celles inconscientes reliées aux premières, n'auront plus d'effet sur moi. Je serai en dehors de mon paradoxe, donc en paix...
- Ce n'est pas un contrôle émotionnel. Il ne s'agit pas de repérer ses émotions et ses ressentis mouvementés pour les enfouir, les réprimer ou les refouler. En prenant conscience de l'émotion désagréable et en sachant la nommer, nous pouvons exprimer l'intention de la mettre en unité intérieure ainsi que son contraire.

Je pense « Je ressens de la colère contre cette personne », je mets cette émotion en unité intérieure ; j'amène la pensée « Je ressens de l'amour pour cette personne », et je mets également cette émotion en unité intérieure. Il se pourrait alors que, derrière la colère et l'amour, apparaissent d'autres ressentis, comme la tristesse ou une peur liée à la compréhension que je pourrais la perdre, ou encore une pensée comme « Cette personne ne m'aime pas à la hauteur de l'amour que je lui porte ». Il s'agit alors de mettre tout ce qui remonte en soi en unité intérieure. La tristesse ou la peur reliée à la perte, la pensée que cette personne ne m'aime pas à la hauteur de l'amour que je lui porte, mais aussi la joie et la sécurité reliée à l'assurance que cette personne est continuellement présente avec moi, la pensée que cette personne m'aime à la hauteur de l'amour que je lui porte.

• Ce n'est pas une anesthésie des sensations physiques. Il ne s'agit pas de ne plus rien sentir du tout. En prenant conscience des sensations désagréables se vivant sous forme de tensions, de tiraillements, de pressions, d'oppressions, de douleurs, nous pouvons tout mettre en unité intérieure. Ce qui est important ici, c'est de bien observer et de décrire l'inconfort physique pour ensuite le mettre en unité intérieure, ainsi que son opposé.

« Cette tension dans le genou gauche qui m'encombre et m'énerve », je la mets en unité intérieure.

« Cette détente dans le genou que j'apprécie et qui me fait du bien », je la mets en unité intérieure.

« Cette fatigue dans les yeux », je la mets en unité intérieure.

« Cette vitalité dans les yeux », je la mets en unité intérieure

Là encore, il se pourrait que remontent dans la conscience des pensées ou des émotions méritant d'être mises en unité intérieure, ainsi que leur contraire...

Expérimenter la mise en unité intérieure

Nous pouvons ainsi utiliser ce concept dans tous les domaines sur lesquels nous nous accrochons :

- ce que je suis / ce que je ne suis pas
- l'abondance / la pauvreté
- l'indépendance / la dépendance
- la réalité / l'illusion
- la confiance / la trahison
- le soutien / le danger
- la capacité à / l'incapacité à
- l'acceptation / le rejet

et ainsi de suite.

Voici quelques exemples de formulations dans la construction des affirmations et leurs contraires, formulations que vous pouvez exprimer mentalement ou à voix haute :

- je mets en unité intérieure toutes mes tristesses / je mets en unité intérieure toutes mes joies
- je mets en unité intérieure ma non-envie de lâcher prise / je mets en unité intérieure mon envie de lâcher prise
- je mets en unité intérieure mon envie de garder cette pensée / je mets en unité intérieure mon envie de lâcher cette pensée

– je mets en unité intérieure la prise de tête que cette pensée génère en moi, dans mon cœur / je mets en unité intérieure la liberté que cette pensée générerait en moi, dans mon corps, si je lâchais prise
– je mets en unité intérieure ma colère envers cette personne / je mets en unité intérieure la paix que je ressens envers cette personne
– je mets en unité intérieure l'impuissance que je ressens / je mets en unité intérieure la puissance que je ressens aussi dans cette situation
– je mets en unité intérieure mon incompréhension de cette situation / je mets en unité intérieure la compréhension que je souhaite avoir de cette situation

Clef 12

Œuvrer pour tous

Nous arrivons ici au dernier chapitre de cette plongée au cœur de soi. Ce dernier thème, celui d'œuvrer pour tous, s'appuie bien sûr sur les précédents. Plus nous sommes ouverts à chacun des aspects précités, plus nombreuses sont les possibilités nouvelles qui s'offrent à nous dans cette œuvre commune.

L'équilibre du « donner » et du « recevoir » permet de ne pas s'oublier dans le don. En effet, il peut arriver que nous soyons tellement en faveur du plus grand bien pour tous que, parfois, nous oublions ce que nous sommes, ce qui, d'un point de vue plus global, n'est pas équitable pour notre nature profonde. Le domaine des émotions, lorsque le flot intérieur est calme, amènera naturellement à regarder l'être humain d'une manière plus bienveillante, ingrédient essentiel lorsqu'on choisit d'œuvrer pour tous.

Quant au domaine de la communication, par le développement de savoir-faire et de savoir-être sains, il sera le support d'une ouverture là où habituellement des positions fermées auraient pu nuire à l'ensemble.

Construire un monde d'harmonie

L'aspect de l'amour ouvre des perspectives dans sa vie. « On ne voit bien qu'avec le cœur », nous dit Antoine de Saint-Exupéry. Lorsque nos yeux voient une situation avec le cœur et pas seulement avec le mental, les choses peuvent être différentes. Elles le sont souvent d'ailleurs, car, si nous en avons déjà fait l'expérience, nous avons probablement pu constater qu'un nouveau pan de la situation s'est offert à notre intellect, nous procurant ainsi une nouvelle vision de ladite situation.

Œuvrer pour tous implique aussi naturellement le fait de comprendre et de vivre davantage la valeur de la liberté en soi, autrement dit l'apprentissage de la non-dépendance à l'autre. Si je ne suis pas dans mon autonomie personnelle et que je n'en ai pas conscience, qu'est-ce que je crée alors ? Un monde dans lequel le besoin de l'autre est prépondérant pour exister ? L'incapacité à manifester le sens réel de ma propre existence en manifestant plutôt le sens de celle d'autrui ? Chaque pas fait vers son individualité n'exclut pas la place prise au sein du groupe, que ce soit la famille, la ville ou la société dans laquelle on vit. Cela permet plutôt d'être dans une œuvre plus créative que destructrice, où chacun est à sa place, la connaît et l'assume.

La capacité à se relier à un ensemble plus grand que soi permet d'avoir une vue beaucoup plus globale de la réalité de la vie et de prendre conscience de la préciosité du monde, de l'univers. L'envie d'œuvrer pour tous devient ainsi l'essence dans le moteur de sa motivation personnelle, non plus pour détruire mais pour continuer à construire. Aller dans le sens de ce que la nature a mis des milliards d'années à fabriquer, un réel où il peut faire bon vivre, fait que chacun peut contribuer, à sa manière, à sa place, avec le meilleur de ce qu'il est, que ce soit dans son interrelation avec les autres, avec la nature ou encore avec la terre.

Nous portons tous en nous les germes de la création, les gènes de l'évolution, depuis l'aube des temps. C'est ce que nous appelons la phylogenèse, ce qui se trouve à l'intérieur de notre ADN depuis la création des premières cellules vivantes sur terre, une force de vie telle qu'elle peut être mobilisée et utilisée pour le meilleur pour tous, mais parfois aussi pour le pire ! C'est à ce moment-là qu'interviennent les valeurs existentielles et transcendantales que nous portons en nous et que nous souhaitons exprimer dans notre existence. Ces valeurs soutiennent et orientent les attitudes, les comportements, les choix. Un monde sans valeurs existentielles est un monde vide de sens, un monde de chaos, certainement pas un monde d'harmonie. Quelles valeurs souhaitons-nous mettre en avant dans notre vie pour qu'elle devienne émerveillement et magie ? Ces valeurs, même si nous pensons qu'elles ne se traduisent que par l'intermédiaire de notre esprit, vont aussi naturellement s'exprimer par l'intermédiaire de notre corps, de nos ressentis, de nos sensations.

Œuvrer au quotidien

Notre corps est le messager de nos pensées et de nos désirs. Il représente un indicateur de choix, nous montrant ce qui est bon pour nous de ce qui ne l'est pas. Œuvrer pour tous passe donc par le chemin de prendre soin de ce corps, de le respecter, que ce soit le sien propre ou celui d'autrui. Tuer, retirer la vie ne peut que démontrer combien peu d'importance a été donnée à celui-ci. Frapper, taper montre aussi combien le manque d'amour de soi ou de l'autre habite ce corps et le rend complètement transparent à la conscience. Redonner des lettres de noblesse à cet aspect de l'humain est une priorité capitale à partir du moment où nous choisissons d'œuvrer pour tous avec une plus grande clarté de conscience et un désir d'une manifestation de soi plus éveillée.

C'est aussi grâce à ce corps que nous pouvons relier efficacement la compréhension logique et la compréhension intuitive des choses. Cet équilibre nous permet d'aborder les choix que nous faisons d'une manière plus globale, du petit geste quotidien aux plus grands projets. L'intuition de donner un sourire à une personne croisée dans la rue, sans raison, peut stimuler sa journée entière, parce que son cœur en a été réchauffé. De ce fait, elle peut naturellement contribuer à réchauffer aussi le cœur d'autres qui vont croiser son chemin dans la journée. La compréhension rationnelle que telle autre personne réagit de manière agressive parce qu'elle a mal dormi peut nous permettre de garder une certaine distance émotionnelle en ne nous laissant pas toucher par sa réaction qui, finalement, ne nous concerne pas directement et ne nous appartient pas. En choisissant alors de s'installer soi-même dans un état intérieur de plénitude ou encore de calme serein vis-à-vis de cette personne, nous lui laissons intuitivement la place pour son expression personnelle, sans jugement, de sorte qu'ensuite puisse émerger son véritable besoin ou simplement son véritable état d'être une fois la tempête passée. Quelque part, elle en sera reconnaissante et cela pourra se lire sur son visage ! Œuvrer pour tous peut aussi se manifester de cette manière, au quotidien. Chaque pas fait vers la tolérance, la compréhension de l'autre et l'acceptation des différences, même petites, vient alimenter les ruisseaux, puis les fleuves, pour enfin se déverser dans la mer de notre humanité, afin qu'ensemble nous réussissions à être plus humains.

Choisir l'humain que nous sommes

La capacité à faire des choix conscients prend naturellement sa place dans cette idée d'œuvrer pour tous. Ces choix faits, non plus à partir d'une impulsion réactionnelle en rapport avec une situation donnée, mais élaborés à partir d'une conscience plus éveillée de ce qui se joue, nous permettent de tenir compte de tous les paramètres, de tous les acteurs qui vivent la situation. Un conflit de voisinage peut être résolu plus rapidement si nous abordons la situation dans un état d'esprit positif, à savoir trouver une issue favorable pour les deux parties, plutôt qu'en voulant gagner à tout prix.

Cette possibilité repose aussi sur la capacité à lâcher prise, celle de ne pas tout vouloir à tout prix, rien que pour soi ! Nous pouvons ainsi créer un espace nouveau dans lequel le « bon » du réel peut se produire, chacun d'entre nous représentant, qu'il le veuille ou non, un acteur de ce réel…

En tant qu'acteur de ce réel, comment intervenez-vous dans le scénario de l'ensemble ? Jusqu'où investissez-vous votre responsabilité personnelle et votre contribution pour faire de ce monde un monde meilleur ? Est-ce vraiment votre désir, votre volonté d'aller vers cet idéal ou non ? Nous ne pouvons plus, aujourd'hui, nous départir de ce rôle en le remettant dans les mains de l'autre. Il fut un temps où l'humain n'en était un que par sa forme physique, ses principales réactions étant davantage « animales », instinctuelles, que réfléchies et matures. Cet humain-là était poussé vers l'autre par un instinct de procréation et ne savait pas ce qu'était vraiment le plaisir de donner et de recevoir de l'amour, de la douceur et de la tendresse. Cet humain-là était poussé à défendre son territoire contre d'autres tribus, considérant instinctivement que ce territoire lui appartenait et lui était nécessaire pour sa survie. Il ne savait pas vraiment et n'avait pas la compréhension que l'on peut apprendre de l'autre, par le partage de savoir-faire différents, l'enrichissement mutuel lié à la variété et à la diversité de cultures et de savoir-être. Cet humain-là était poussé à chasser pour se nourrir et à travailler le produit de sa chasse pour se vêtir ou pour gérer son quotidien, mais il ne savait pas vraiment créer autrement que pour maintenir la vie. Il ne savait pas qu'il était un être conscient pouvant exprimer cette conscience en maints aspects d'elle-même dans son existence. Malgré tout, cet humain-là savait peut-être mieux œuvrer pour tous, au sein de sa communauté, car la survie de l'espèce prévalait sur tout le reste.

Aujourd'hui, quel humain avons-nous vraiment envie d'être, dans l'expression de notre soi ? Celui des temps préhistoriques mis à la mode des temps modernes ou un être qui a conscience qu'il est, avec un potentiel infini en lui ? Un être qui sait qu'il peut évoluer vers son meilleur, en tenant aussi compte de la nature sacrée de son existence ? Un être dont sa nature humaine seule prévaut ou un être dont sa nature spirituelle est aussi importante que sa nature humaine ?

Au fond, être dans sa véritable nature d'être humain, qu'est-ce que cela veut vraiment dire pour soi ?

Exercice pratique

Au-delà de ce que vous pouvez partager concrètement avec les autres, dans un état d'esprit le plus bienveillant possible, vous pouvez aussi contribuer à cette œuvre commune en choisissant de prendre votre place à partir de ce que vous avez découvert en plongeant au cœur de vous-même. Vous pouvez aussi vous installer dans un sentiment intérieur de plénitude et de joie, afin de faire rayonner ces sentiments dans tous vos actes quotidiens. La paix et la joie intérieures se communiquent naturellement avec les autres. Faites-en l'expérience !

1. Se centrer

Installez-vous confortablement, profitez de quelques instants de concentration sur votre respiration – le flux de l'air qui entre et qui sort –, jusqu'à ce que votre esprit devienne calme et tranquille. Placez votre attention sous vos pieds et ressentez combien est précieuse votre présence sur la terre. Placez votre attention au-dessus de votre tête et ressentez combien vos inspirations peuvent vous guider vers votre meilleur. Imaginez ensuite qu'un axe central relie votre tête à vos pieds, le haut et le bas, un endroit en vous qui vit le calme et la paix, comme si vous étiez au cœur d'un cyclone, dans cet endroit en vous où tout est paisible et bienfaisant.

2. Méditer

Dans cet état intérieur de calme, amplifiez avec votre inspiration et votre intention un sentiment de joie intérieure. Vous pouvez vous souvenir de moments heureux où les rires fusaient, où la joie était portée par le cœur, un sentiment heureux, pétillant, qui fait du bien… Imaginez que ce sentiment de joie se diffuse dans une colonne qui traverse tout votre corps dans sa verticalité, de la tête jusqu'aux pieds. Chaque inspiration vous permet d'augmenter le rayonnement de la joie à l'intérieur de vous, le pétillement, le rire, jusqu'à ce que ce rayonnement se diffuse tout autour de vous. Nourrissez-vous bien avec cette joie, comme si vous aviez envie de vous laisser submerger par elle, jusqu'à avoir envie de rire aux éclats comme le ferait un nourrisson, tout naturellement. Remplissez-vous de cette joie.

3. Rayonner

Laissez maintenant ce rayonnement s'élargir encore et encore, à votre entourage proche, à vos amis, aux situations que vous aimez, mais aussi à toutes situations que vous jugez difficiles. Diffusez cette joie malgré tout. Laissez se déverser ce sentiment joyeux comme se déverserait un coulis de framboises sur une île flottante, un amour tendre vers quelqu'un qu'on aime ou des flocons de neige sur le sommet d'une montagne… Choisissez l'image qui vous plaît le mieux, et laissez rayonner votre joie tout autour de vous pendant quelques instants…

4. Apprécier

Maintenez cet état intérieur le temps que vous le souhaitez, et profitez vous aussi de cette joie en vous, le plus pleinement possible.

Conclusion

Ne sommes-nous pas porteurs au fond de nous-mêmes, en tant qu'êtres humains, d'une intime conviction de notre plan de réalisation personnelle au sein du tout de la conscience ? Ne sommes-nous pas porteurs, au cœur de nous-mêmes, d'un sentiment profond d'être qui ne demande qu'à se manifester dans ces différents aspects ? Or, plus nous amenons de la clarté dans notre esprit et notre corps, plus cette intime conviction se révèle à notre conscience.

En tant qu'êtres humains, nous avons à choisir entre la réalisation de cette intime conviction et son absence de réalisation. C'est par cette réalisation que nous pouvons relier l'inspiration émise de notre sacré intérieur à la matérialisation de notre humanité en constante évolution. Nous pouvons agir pour que ces aspects œuvrent de concert dans la réalisation harmonieuse du soi, autrement dit ce que nous sommes dans notre entièreté.

Malheureusement, nous sommes souvent tellement pris dans un état de concurrence intérieure où prédomine soit l'un, soit l'autre de ces aspects, inspiration du sacré ou matérialisation de notre humanité, qu'apparaissent alors conflits et paradoxes de l'être. Comment, en effet, pourrions-nous faire le choix d'une partie plutôt que d'une autre sans faire subir un préjudice à l'ensemble de ce que nous sommes ? C'est un peu comme si nous choisissions de privilégier la tête ou les jambes de notre corps physique. Comment avancer sainement dans la vie quand l'existence est morcelée de la sorte ? Pouvons-nous imaginer un seul instant qu'un des secrets de l'existence passe par la découverte et la reconnaissance de cette intime conviction qui existe au fond de nous, et qu'un des secrets de la vie passe par la réalisation de cette intime conviction pour la faire exister dans notre quotidien ?

La question qui se pose alors est : de quelle manière pouvons-nous relier ces aspects en nous pour leur permettre d'être en harmonie et faire comme s'ils ne faisaient qu'un ? Nous pouvons imaginer que le chemin passe par la visite de toutes ces « maisons » ou espaces d'expérience qui nous concernent, afin que puisse se former à l'intérieur de nous-mêmes une cohérence créée entre le corps et l'esprit, le cœur et l'âme, afin de pouvoir se sentir relié à soi.

Cela nous permettrait finalement de vivre un état d'amour joyeux et profond envers nous-mêmes, ayant su plonger au cœur de soi, même si cela semblait impossible, avec comme énorme bénéfice l'agrandissement de l'étincelle de conscience que nous sommes pour qu'elle se révèle dans toute sa beauté et son humanité.

Patricia Penot est sophrologue spécialiste, relaxologue et énergéticienne. Elle est également consultante et enseignante dans le domaine du bien-être, de la croissance de la personne et de la conscience de soi depuis plus de vingt ans. Animatrice de l'émission Parlons sophrologie sur Radio Médecine Douce, Patricia Penot dirige également le centre Évolution Formation Conseil, centre de formation professionnelle en sophrologie et en relaxation émotionnelle et mentale, et est l'auteur de plusieurs ouvrages.

Collection HARMONIE

Les guides grand format

Se réinventer au travail, Steve Nobel
Parler vrai pour changer sa vie, Sarah Rozenthuler
Cultiver son estime de soi, Lynda Field

Les guides petit format

Développer son intuition même quand on a l'esprit fermé, Djohar si-Ahmed et Gérald Leroy-Terquem
Gérer son énergie même quand on est à plat, Odile Chabrillac
Plonger au cœur de soi même quand cela semble impossible, Patricia Penot

Les cahiers Harmonie

Se ressourcer avec le mandala, Laurence Luyé-Tanet
Se ressourcer avec le coloriage, Eric Marson (à paraître en février)

Direction : Jean-Louis Hocq
Direction éditoriale : Suyapa Granda Bonilla
Direction de collection : Érik Pigani
Conception graphique et réalisation
de la couverture : Guylaine Moi
Illustrations de couverture : Luciano Lozano
Mise en page : Nord Compo
Fabrication : Céline Premel-Cabic

ISBN : 978-2-263-06355-8
Code éditeur : S06355
Dépôt légal : janvier 2014
Imprimé par Jouve en France

Retrouvez-nous sur www.solar.fr

Solar | un département **place des éditeurs**

place
des
éditeurs